UNIVERSITÉ DE FRANCE.

ACADÉMIE DE STRASBOURG.

ATTRIBUTIONS RESPECTIVES

DES

AUTORITÉS ADMINISTRATIVES

ET DES TRIBUNAUX

RELATIVEMENT AUX QUESTIONS DE PROPRIÉTÉ IMMOBILIÈRE.

DISSERTATION

PRÉSENTÉE

A LA FACULTÉ DE DROIT DE STRASBOURG,

POUR LE CONCOURS

ouvert entre les aspirants au Doctorat et les Docteurs reçus dans la Faculté, depuis le 1er janvier 1845,

PAR H. J. HENRIET,

DE SARREBOURG (DÉPARTEMENT DE LA MEURTHE),

AVOCAT.

.... Rudis ingigestaque moles.
Métamorph. d'Ovide, fable 1, *Chaos*, 5e vers.

Pour qu'on ne puisse abuser du pouvoir, il faut que par la disposition des choses, le pouvoir arrête le pouvoir.
MONTESQUIEU, liv. II, ch. IV, *Esprit des lois*.

STRASBOURG,

IMPRIMERIE DE G. SILBERMANN, PLACE SAINT-THOMAS, 3.

1847.

La médaille d'or a été décernée à l'auteur.

ATTRIBUTIONS RESPECTIVES

DES

AUTORITÉS ADMINISTRATIVES

ET DES TRIBUNAUX

RELATIVEMENT AUX QUESTIONS DE PROPRIÉTÉ IMMOBILIÈRE.

INTRODUCTION.

SÉPARATION DES POUVOIRS ADMINISTRATIF ET JUDICIAIRE.

Les lois ne posent que des principes; il y a ensuite deux sortes d'agents qui les appliquent, les autorités administratives et les tribunaux. Or, l'organisation constitutionnelle de ces autorités administratives et judiciaires ayant donné naissance à l'organisation de leurs compétences, il est utile d'en dire quelques mots avant d'entrer dans les détails des règles de compétence.

La société ne peut exister sans un pouvoir qui se divise et se ramifie selon le degré de civilisation auquel est arrivé l'état social. En considérant la société en général et chaque nation en particulier, on peut dire que toute forme de gouvernement est transitoire, mais qu'à chaque époque de la société il est des formes relatives qui puisent leur caractère de bonté et de légitimité dans leur rapport même avec la nature humaine et la condition actuelle de la société.

En considérant les formes du pouvoir en elles-mêmes et sous le point de vue rationnel, on doit reconnaître que toute forme simple qui confondra les pouvoirs en un seul, sera la moins appropriée à la véritable nature de la société. A mesure que les rapports naturels se feront sentir entre les pouvoirs sociaux, la forme du gouvernement s'élèvera dans l'échelle du perfectionnement. La plus défectueuse sera celle qui confondra tous les pouvoirs en un seul; la forme la plus élevée sera celle qui, les distinguant selon leur nature et garantissant leur indépendance respective, assurera l'exercice libre de leur action légitime et l'harmonie de leurs rapports (Laferrière, p. 27, ch. 3).

Réaliser la séparation, l'indépendance et l'harmonie nécessaire des pouvoirs sociaux, c'est le but que s'est proposé l'Assemblée constituante. Elle commença par jeter à bas le vieil édifice de la monarchie, et ensuite elle rebâtit sur un terrain neuf avec des mains libres. Elle balaya le sol et dressa au milieu des ruines l'édifice parallèle de deux pouvoirs administratif et judiciaire. La loi du 16-24 août 1790, art. 13, porte : « Les fonctions judiciaires sont distinctes et « demeureront toujours séparées des fonctions administra- « tives. Les juges ne pourront, à peine de forfaiture, trou- « bler, de quelque manière que ce soit, les opérations des « corps administratifs, ni citer devant eux les administra- « teurs à raison de leurs fonctions. » — La loi du 16 fructidor an III est venue renouveler cette séparation en décrétant que : « Défenses itératives sont faites aux tribunaux de « connaître des actes administratifs, de quelque espèce que « ce soit, aux peines de droit. »

Ce principe a traversé, sans périr, les tourmentes révolutionnaires; il a été développé sous l'empire; il est resté debout sous la restauration et depuis la révolution de juillet.

Il y a donc eu proclamation d'indépendance réciproque entre ces deux grands pouvoirs, le pouvoir administratif et le pouvoir judiciaire. L'équilibre de la société le voulait ainsi, l'exigeait impérieusement, sous peine de mort du corps social.

Ces deux pouvoirs établis sur deux lignes parallèles ne doivent éprouver aucune collision hostile, encore que leurs actions, considérées sous différents rapports, doivent se porter sur le même objet. Ce sont deux rivaux qu'il faut concilier sur le chemin de la justice; la sphère d'action de l'un doit arrêter l'action de l'autre. Si l'immixtion de leurs compétences est le signe précurseur d'un trouble dans l'organisation sociale, j'oserai dire que les limites qui les séparent sont infranchissables.

De ce principe absolu et d'ordre public, je déduis plusieurs conséquences que je rattache aux questions de propriété immobilière, et que j'examinerai soit avec les questions de propriété, soit dans des chapitres particuliers, selon leur importance.

1° Lorsqu'un des pouvoirs est saisi d'une contestation de la compétence exclusive de l'autre pouvoir, il doit refuser d'en connaître et renvoyer même d'office les parties devant le pouvoir compétent.

2° Lorsque dans une contestation portée devant un des pouvoirs, il s'élève un incident de la compétence de l'autre pouvoir, on doit surseoir à l'instant même et renvoyer l'incident devant l'autorité qui seule peut en connaître, c'est ce que nous appellerons *divisibilité de compétence*.

3° Il est interdit aux autorités et aux parties de troubler ou de modifier l'économie de compétence, ce qui pourrait occasionner le renversement de la société; en d'autres termes, de déroger à l'ordre des juridictions.

Comme je viens de le dire, quoique les pouvoirs administratif et judiciaire soient placés sur des lignes différentes, cependant ils sont obligés d'agir simultanément et de marcher vers le même but, et l'on comprend qu'il est bien difficile qu'il n'arrive pas quelquefois qu'ils se rapprochent et se froissent de manière à ébranler les bornes qui les séparent. Il est donc indispensable d'établir quelques règles au moyen desquelles ils soient arrêtés, quand ils seront entraînés à pénétrer dans leur domaine respectif.

Ainsi dans leur fréquent contact avec l'autorité administrative, les tribunaux ne doivent point perdre de vue :

1° Qu'il leur est interdit de prononcer sur toute contestation ou sur tout point de contestation précédemment réglé par des arrêtés administratifs, alors même que ces arrêtés auraient été incompétemment rendus. Ils doivent même d'office surseoir jusqu'à ce que ces arrêtés aient été annulés par l'autorité administrative supérieure. Les tribunaux ne peuvent non plus évoquer les contestations incompétemment portées devant l'autorité administrative, ni élever un conflit.

2° Que si, régulièrement nantis d'une affaire, l'autorité administrative ne peut les dessaisir qu'en vertu d'un conflit, ils sont, de leur côté, tenus de suspendre aussitôt leurs délibérations, quand un conflit leur a été notifié. S'il n'y a pas eu de conflit, les parties ne sont plus admissibles qu'à se pourvoir devant l'autorité supérieure contre la décision rendue incompétemment par le tribunal saisi.

3° Les tribunaux n'ont pas le pouvoir de troubler en quoi que ce soit l'action de l'autorité administrative. Armer le pouvoir judiciaire du droit absolu de scruter chacun des actes du pouvoir exécutif, serait dépasser les limites posées par le législateur; les tribunaux, au contraire, doivent respecter les actes de l'administration et les faire exécuter; mais, d'un autre côté, je tiens pour certain qu'ils peuvent refuser toute autorité à un acte illégal du pouvoir exécutif. Nous reviendrons sur cette question à la section des actions possessoires.

4° Une conséquence du principe précédent, c'est qu'il est défendu à l'autorité judiciaire de s'immiscer dans l'interprétation et l'explication des actes administratifs, à moins que la difficulté ne puisse être résolue que par des moyens de droit civil.

5° Il leur appartient de connaître de toute question de droit privé qui ne peut être résolue que par les moyens du droit civil, comme la possession, les titres, les conventions, témoignages authentiques, règles écrites et absolues, etc., quelles que soient d'ailleurs les personnes en cause, État, commune, ou établissements publics. Les droits acquis tirant leur force et leur vie de la concession administrative, les débats qu'ils produisent sont ordinairement de la compétence administrative.

PLAN.

Avant de commencer l'examen de ma question, j'éprouve le besoin de la diviser avec clarté, de manière à pouvoir l'embrasser d'un coup d'œil; en d'autres termes, d'établir le plan de la matière.

Mon travail se compose de neuf chapitres divisés en sections, selon que la discussion de chaque chapitre le comportera.

Dans un premier chapitre je traite des attributions respectives en général des tribunaux et des autorités administratives relativement aux questions de propriété immobilière. Ce chapitre contient trois sections : La première a pour objet l'importance des questions de propriété immobilière. Dans la deuxième, j'examine ce qu'il faut entendre par une question de propriété immobilière; car avant tout, j'ai besoin de connaître le terrain sur lequel je dois marcher. Les questions de propriété sainement entendues, j'aborde dans une troisième section, les attributions respectives en général des autorités judiciaire et administrative, relativement à ces questions de propriété immobilière. Si je parviens à bien caractériser ces attributions, le reste de mon plan sera facile; car elles me fourniront le texte de mes principales divisions; c'est ce que j'ai essayé de faire.

Dans le second chapitre, je discute, j'énumère et je classe les différentes questions de propriété attribuées à l'autorité judiciaire. Or, on n'entend pas seulement par questions de propriété les débats sur le fond même de la propriété, mais aussi les contestations qui peuvent s'élever sur les démembrements de la propriété. Il y avait donc matière à différentes sections que j'ai traitées ainsi qu'il suit :

SECTION 1re. Actions possessoires.	SECTION 5e. Usufruit et jouissance.
SECTION 2e. Question de bornage.	SECTION 6e. Servitude.
SECTION 3e. Débats sur le fond de la propriété.	SECTION 7e. Usage.
SECTION 4e. Droits incorporels immobiliers.	SECTION 8e. Séquestre.
	SECTION 9e. Expropriation forcée pour cause d'utilité publique.

Viennent maintenant certaines attributions de l'autorité administrative relativement à ces mêmes questions de propriété, c'est-à-dire, l'interprétation des actes administratifs qui est nécessaire pour leur solution. J'y consacre un troisième chapitre.

Restent enfin les exceptions au principe que toutes les questions de propriété immobilière se portent devant les tribunaux. Ces exceptions qui sont de la compétence de l'autorité administrative, je les passe en revue dans un quatrième chapitre.

Tout n'est pas fini. Il existe certaines actions de propriété qu'on ne peut intenter qu'après avoir rempli des formalités qui se rattachent à des intérêts de l'ordre administratif. Je m'en occupe dans un cinquième chapitre.

Les attributions respectives des autorités administrative et judiciaire étant bien déterminées, je consacre un sixième et un septième chapitre à indiquer les combinaisons que peut soulever leur discussion.

J'ai cru devoir en outre examiner dans un huitième chapitre le privilége extraordinaire accordé à l'administration d'élever un conflit.

Enfin et pour terminer, je suppose que l'une des autorités judiciaire ou administrative ait statué sur une question qui n'était pas de sa compétence, qu'arrivera-t-il? en d'autres termes, quels seront les effets de la chose jugée? Ces effets, je les indique dans un neuvième et dernier chapitre.

Première remarque. La question du concours ne parle que des attributions respectives des autorités administrative et judiciaire relativement aux *questions de propriété immobilière*. Je n'ai donc à m'occuper, dans tout le cours de ce travail, que des *questions de propriété* et de la compétence de ces diverses autorités relativement à ces seules questions. Peu m'importe donc ce que doit et peut faire l'administration en dehors de ces questions. Si j'en parle, ce ne sera que pour mieux expliquer les questions de propriété.

Deuxième remarque. Il est bien entendu qu'en général nous n'appliquerons nos principes qu'à des exemples où l'administration jouera ou pourra jouer un rôle; les autres ne nous occuperont pour ainsi dire pas.

Troisième remarque. Pour n'avoir pas besoin d'ajouter le mot *immobilière* toutes les fois que nous parlerons des questions de propriété immobilière, nous admettons, une fois pour toutes, que chaque fois que nous parlerons des *questions de propriété,* cette locution voudra dire : *questions de propriété immobilière.*

CHAPITRE PREMIER.

ATTRIBUTIONS RESPECTIVES EN GÉNÉRAL DES AUTORITÉS ADMINISTRATIVE ET JUDICIAIRE RELATIVEMENT AUX QUESTIONS DE PROPRIÉTÉ IMMOBILIÈRE.

SECTION PREMIÈRE.

Importance des questions de propriété immobilière.

« La propriété immobilière, a dit M. Proudhon, l'emporte « éminemment sur tous les autres genres de richesses, « dans l'ordre civil comme dans l'ordre politique. — Elle « est la mère nourricière du genre humain, le fondement de « la tranquillité possible entre les hommes dans l'état social « et la base de la civilisation, puisqu'on ne saurait cesser de « la respecter, sans tomber de suite dans l'anarchie et le « cahos de toutes les passions humaines. — Tout le corps « matériel de l'État repose sur la propriété foncière, et c'est « par elle que l'homme tient le plus à sa patrie, puisqu'il ne « peut transporter ailleurs cette source de son bien-être. »

Envisagée comme représentant les fruits du travail, la propriété foncière devient le symbole de l'esprit de conduite, d'ordre et d'économie, du besoin senti des lois et du respect qu'elles réclament ; par elles se transmettent et se développent d'une génération à l'autre les traditions industrielles, les sciences et les arts, l'esprit de famille et les bonnes mœurs.

Aujourd'hui il est universellement reçu, parmi les nations policées, que le droit de propriété doit être placé même au-dessus de celui de la liberté individuelle dans un grand nombre de circonstances.

D'après cela il est facile de comprendre l'importance et la gravité de la question que nous devons traiter. Si nos efforts succombent à la tâche qui nous est imposée, c'est que nous aurons voulu trop bien faire, mais que le fardeau était trop pesant.

Nous croyons qu'il n'entre pas dans notre cadre d'énumérer toutes les espèces de propriétés immobilières ; nous ne nous en occuperons donc point, et nous renvoyons, au besoin, au Code civil et à l'ouvrage de MM. Aubry et Rau, qui ont examiné à fond cette matière.

SECTION II.

Questions de propriété immobilière en général.

Et d'abord qu'est-ce que le droit de propriété? Le droit de propriété se compose du droit primitif et du droit secondaire ou droit acquis, qui résulte des actes administratifs purement discrétionnaires, lesquels actes produisent un droit qui appartient à celui en faveur de qui ils sont intervenus. Or la propriété ou la réunion de ces deux espèces de droit est, d'après la définition de M. Zachariæ, le droit en vertu duquel un objet est soumis, d'une manière absolue, au bon plaisir d'une personne. C'est le *jus utendi et abutendi* de la loi romaine ; le propriétaire est souverain par rapport à l'objet sur lequel porte son droit.

Qu'est-ce maintenant qu'une question de propriété?

Une question de propriété met en doute notre qualité de propriétaire absolu d'une chose. Nous prétendons avoir à cette chose ou sur cette chose un droit complet, absolu. Toute action, toute contestation qui a pour but, soit d'absorber ce droit de propriété, soit de le revendiquer, de le restreindre ou de le diminuer, d'en enlever la plus faible parcelle, est une question de propriété. Or le but de ce travail est de déterminer, *étant donnée une question de propriété*, les attributions respectives des autorités judiciaire et administrative relativement à cette question.

SECTION III.

Attributions respectives en général des autorités administratives et des tribunaux relativement aux questions de propriété immobilière.

Les questions de propriété forment une des parties les plus notables des attributions de l'autorité judiciaire (voy. Proudhon, t. I, n°s 93, 110 et 149.—Foucart, t. I, p. 147, n° 129.—Lerat de Magnitot et Delamarre, v° *Propriété*, t. II, p. 418.—Cotelle, t. III, p. 627, n° 2.—A. Dalloz, v° *Propriété et compét. administ.* — Laferrière, p. 147, *Cours de droit pub. et administ.* — Chauveau (Adolphe), *Principes de compét. administ.*, t. I, p. 158, n° 550.—Voy. l'art. 47 de la loi du 16 septembre 1807, t. VII, p. 138, 4e série, *Bullet.*, et le déc. du 16 octobre 1813 ; *Bullet.*, t. XIX, p. 304 et 318, 4e série).

La propriété est régie par la loi civile ou le droit commun; c'est à la loi civile qu'elle emprunte ses caractères; c'est cette loi qui règle généralement la manière de disposer de nos biens, en les transmettant de l'un à l'autre; c'est elle qui expose et donne les moyens de prouver les droits que l'on possède et qui les garantit envers et contre tous. Or les tribunaux qui sont institués pour être les exécuteurs de la loi civile, doivent par leur nature connaître de toutes les questions qui se décident par les règles du droit civil ou les moyens du droit commun, et par conséquent des questions de propriété. N'importe la qualité des plaideurs, que ce soit l'État, ou une commune, ou un établissement public, n'importe les incidents, n'importe la matière à laquelle se rattachent ces questions, si par sa nature la contestation est judiciaire.

Ces principes sont universellement reconnus ; il ne s'élève guère de discussions que sur leur application à des espèces particulières. Ainsi il serait inutile d'avoir posé la question du concours, si nous ne devions parler que des contestations sur le droit de propriété entre simples particuliers; mais on a souvent jeté le trouble dans les juridictions en prétendant, par exemple, que le litige se rattachait, sous quelque point de vue, à la juridiction administrative, ou ressortait des actes de l'administration, ou intéressait des personnes morales, ou touchait aux intérêts de l'État, placés sous la tutelle administrative; ce sont ces questions qu'il nous faudra examiner et sur lesquelles nous essaierons de jeter toute la lumière possible.

Nous ne parlerons pas des compétences qui existaient avant la révolution; ce qu'il nous importe d'établir, ce sont les compétences actuelles; le reste n'a plus qu'un intérêt purement historique. D'ailleurs comment parler des compétences, quand toutes les institutions judiciaires et administratives étaient bouleversées et fondues ensemble, quand les parlements empiétaient impunément sur les autorités administratives, et les autorités administratives sur les parlements; quand, en un mot, la loi n'avait pas encore imposé son joug de fer aux ambitions et aux rivalités? Il faut partir de la séparation des pouvoirs, et c'est ainsi seulement que nous pourrons, à l'aide des règles établies, nous aventurer, sans risques de trop d'erreurs, dans la théorie de notre question.

Si, en principe, les questions de propriété se portent devant les tribunaux, il y a des exceptions; mais ces exceptions ne renversent pas le principe; au contraire, elles ne font que le confirmer. Ces exceptions doivent être prévues par une loi et basées sur une disposition de la loi. C'est ce que nous appellerons un déclassement. Le déclassement, loin d'offrir une difficulté grave, sert à résoudre les doutes qui ont arrêté tant et de si bons esprits. Au lieu de trouver dans la législation administrative des monstruosités doctrinales, nous découvrirons quelques cas spéciaux dans lesquels le législateur a cru devoir déroger aux règles générales de la matière. Le principe du déclassement dont nous venons de parler a été établi d'une manière formelle par un arrêt de la Cour de cassation du 23 novembre 1836, *Bruneau-Notramy :* « Attendu que les actions de propriété sont « essentiellement et par leur nature même de la compétence « de l'autorité judiciaire ; que si, dans certains cas, et pour « des raisons d'utilité publique, il peut être nécessaire d'at« tribuer la connaissance de quelques-unes de ces actions à « des tribunaux d'exception, les lois qui l'ordonnent ainsi « ne sont elles-mêmes qu'exceptionnelles et doivent être « soigneusement restreintes aux cas qu'elles ont déter« minés.... »

Maintenant que l'administration ait le droit de revendiquer l'interprétation d'un de ses actes d'où dépend la solution d'une question de propriété portée devant les tribunaux, peu importe ; la question de propriété n'en sera pas moins judiciaire, car les tribunaux prononceront toujours sur le fond, et l'administration ne statuera que sur une question d'interprétation. Ainsi le principe qui veut que l'autorité administrative ait seule le pouvoir d'interpréter les actes émanés d'elle, et par conséquent de revendiquer cette interprétation, quand elle sera nécessaire à la solution d'une question de propriété portée devant l'autorité judiciaire, ne fait pas exception à la règle que nous avons établie.

En résumé :

1° Toutes les questions de propriété immobilière sont par leur nature judiciaires et doivent se porter devant les tribunaux. Cependant si pour résoudre une de ces questions, il fallait recourir à l'interprétation d'un acte administratif, l'administration aurait seule le droit de donner cette interprétation, sauf ensuite à renvoyer les parties devant les tribunaux pour statuer sur le fond.

2° Ce principe souffre quelques exceptions ; mais ces exceptions doivent résulter d'une disposition de la loi.

Ici se présente naturellement la question de savoir si l'autorité administrative ne serait pas apte à juger les questions de propriété ?

M. Proudhon (*Dom. publ.*, t. I, p. 137) semble résoudre la question négativement. En effet, voici comment il s'exprime, pour ne citer qu'un passage de son admirable traité : « Si, en traitant de la constitution des tribunaux administratifs, on devait raisonner par comparaison avec celle des « tribunaux ordinaires et les rattacher aux mêmes idées, « l'on pourrait élever de fortes critiques contre cette institution moitié judiciaire, moitié administrative.

« Et en effet, les conseils de préfecture et le conseil d'État, « comme corps judiciaires, n'ont reçu qu'une constitution « sans indépendance et par conséquent sans une suffisante « garantie pour rassurer les parties dont les intérêts sont en « litige devant eux contre le gouvernement.

« Les conseils de préfecture sont placés sous l'influence « immédiate des préfets, et le conseil d'État sous celle du « ministre. Les membres de ces deux corps sont tellement « sous la dépendance de la puissance exécutive, que cette « puissance peut à tout instant révoquer leur commission, et « les déplacer sans formalité de procès : ils sont donc, par « leur dépendance, sans cesse exposés à devenir les hommes « de l'administration, et ils ont nécessairement au moins un « intérêt de position à suivre son système en obéissant aux « impulsions qu'elle leur donne. »

Sans chercher à combattre l'opinion du célèbre jurisconsulte sur les corps administratifs, nous aimons mieux adopter la manière de penser de M. Cotelle (t. III, p. 627, n° 2), qui, à notre avis, semble saisir plus parfaitement les véritables principes · « Nous avons témoigné, dit-il, en « plusieurs circonstances, que nos juridictions spéciales

« actuelles offraient autant d'avantages et de garanties qu'au-« trefois. Nos conseils de préfecture se sont tellement amé-« liorés dans la composition du personnel, lors de la révolu-« tion de juillet, que nous pensons que devant eux comme « au conseil d'État les citoyens trouveraient des juges voués « aussi religieusement au culte de la loi, pourvus d'autant « de lumières et d'indépendance morale que les tribunaux.

« Cependant il demeure vrai que les questions de pro-« priété sont exclusivement du domaine des juges ordinaires ; « qu'ainsi c'est en eux que réside la principale, la vraie sau-« vegarde de la propriété. »

Que résulte-t-il de là ? Il en résulte que si les tribunaux seuls sont compétents pour connaître des questions de propriété ; c'est uniquement en raison de la séparation des pouvoirs ou de la nature de ces questions, et non point à cause des garanties particulières qu'il présente et que pourraient ne pas offrir les tribunaux administratifs.

CHAPITRE II.

ATTRIBUTIONS DE L'AUTORITÉ JUDICIAIRE RELATIVEMENT AUX QUESTIONS DE PROPRIÉTÉ IMMOBILIÈRE.

Je ne comprends dans ce chapitre que : 1° La propriété ayant pour origine le *droit* et non le *droit acquis ;* 2° la propriété résultant du *droit acquis*, mais contesté par des moyens du droit civil ou du droit commun.

SECTION PREMIÈRE.

Des actions possessoires.

La possession est le fait de celui qui, voulant qu'une chose soit soumise en sa faveur à un droit de propriété ou de servitude, manifeste cette volonté, soit par la garde de la chose, soit par l'exercice de la servitude (MM. Aubry et Rau, t. I, p. 371).

La possession engendre en faveur du possesseur une présomption de propriété ou de servitude, qui ne peut toutefois pas être exercée par celui dont la possession serait entachée de précarité, de clandestinité ou de violence. Lorsqu'il est question d'immeubles, la présomption de propriété peut être détruite par la preuve du contraire.

Cette présomption qui est indépendante du temps pendant lequel la possession a duré, acquiert plus de gravité lorsqu'elle a continué sans interruption pendant une année. La possession constitue alors un état de fait que la loi protége provisoirement et pour le maintien ou le rétablissement duquel elle accorde une action spéciale, appelée *action possessoire*.

« Le possessoire, a dit M. Proudhon (*De la Propriété*, t. I), « est le plus grand de tous les pouvoirs sociaux; le possessoire, quand il a cessé d'être combattu, devient la source « de toutes les légitimités; le possessoire enfante la prescription qu'on a justement appelée la patronne du genre « humain; il est le protecteur commun de toutes les propriétés. »

Il est facile de voir que les actions possessoires sont de même nature que celles qui dérivent du droit de propriété; aussi appartiennent-elles exclusivement à la compétence judiciaire.

M. Laferrière, dans un *Essai sur la compétence de la juridiction administrative* (*Revue de législ. et de jurisprud.*, mars 1845), dit en parlant des questions du possessoire : « Les questions du possessoire appartiennent à la compé« tence civile; il n'y a d'exceptions qu'à l'égard des terrains « nécessaires pour l'élargissement des chemins vicinaux; « lorsque le préfet a statué sur la largeur d'un chemin

« préexistant et régulièrement classé, le terrain peut être « occupé au nom du domaine public et municipal. L'utilité « publique de la possession immédiate est déclarée, il n'y a « plus de question à élever au possessoire ; les obstacles de « fait pourraient même être considérés comme des délits ; « les questions de propriété et d'indemnité restent seules « soumises aux tribunaux ordinaires. »

M. Laferrière semble voir une exception au principe dans l'exemple que je viens de citer ; mais il est, à notre avis, faux de croire que la question du possessoire ait été jamais de la compétence administrative. Le préfet, en déterminant la largeur du chemin vicinal, a rendu *inutile* l'action possessoire, en ce sens que le juge de paix n'aurait pas pu réintégrer le possesseur dans la jouissance exclusive et possession de l'objet en litige, mais il n'a pas résolu la question du possessoire ; il n'y a donc aucune exception à la règle. Bien plus, nous verrons que sous un autre point de vue l'action possessoire est encore possible.

Les tribunaux, en statuant sur les actions possessoires, doivent donc, d'après ce que nous venons de dire, éviter de porter atteinte aux actes administratifs légaux. Si, d'après la loi du 21 mai 1836, un arrêté du préfet déclarant la vicinalité d'un chemin, résout les droits des riverains en une indemnité, c'est une expropriation exceptionnelle qui est régulière et légale, et l'arrêté préfectoral ne pourra ni être suspendu, ni être entravé par l'action possessoire. Le tribunal ne pourra jamais autoriser le possesseur à intercepter les communications ou à détruire la voie publique, contrairement à la volonté de l'administration. Celle-ci aura toujours le droit de maintenir le public en possession, et d'ordonner l'enlèvement de tous les obstacles qui empêcheraient la circulation, comme l'ont jugé les ordonnances des 18 juillet 1821, *Peterinck ;* 18 février 1824, *Graillat* contre *commune de Saint-Vallier ;* 16 février 1825, *Presson ;* 14

décembre 1825, *Presson;* et un arrêt de la Cour de Douai du 24 juillet 1838, *Hubert* contre *le maire de Gemps.*

Mais cela ne fait pas que l'action possessoire soit toujours sans objet; elle peut être intentée même après une expropriation régulière et légale, même après la déclaration de vicinalité. Et en effet, il importe au riverain de faire reconnaître son droit à la possession, et de conserver ainsi les avantages qui en résultent, de lui permettre, par exemple, de se renfermer dans le rôle de défendeur, lorsque l'action pétitoire sera portée devant les tribunaux, et s'il ne peut être réintégré dans la possession et la propriété qui lui ont été légalement enlevées, d'établir au moins ses droits à une indemnité (voy. M. Serrigny, t. II, p. 73, n° 694, et p. 103, n° 724).

Je suppose maintenant que le trouble à la possession provienne d'un acte illégal du pouvoir exécutif, que l'administration veuille, par exemple, s'emparer violemment de ma propriété et fasse exécuter des travaux sur mon terrain, sans recourir aux lois de l'expropriation; l'action possessoire pourra-t-elle être intentée avec succès? Évidemment, et cette action aura pour but et pour effet de faire suspendre les travaux et même de les faire détruire. J'avais donc raison de dire dans mon Introduction que l'autorité judiciaire pouvait, sans empiéter sur l'autorité administrative, refuser tout effet à un ordre illégal émanant de cette dernière. C'est du reste ce qui a été jugé par la jurisprudence[1] (Paris, 2 avril 1842, *Compagnie du chemin de fer de Paris à Orléans* contre *Boulé-Robert;* Rouen, 11 mai 1842, *Enouf* contre *Gouyer;* Paris, 26 juin 1843, *Saint-Albin* contre *le préfet de la Seine*).

[1] Je ne cite, en général, les ordonnances et les arrêts que par la date et le nom des parties; les ordonnances sont rapportées par ordre chronologique dans tous les recueils; quant aux arrêts j'ajouterai la citation des recueils à la dernière page de ce travail.

Certains auteurs, entre autres M. Dufour (t. I, p. 88, n° 92), prétendent que les tribunaux doivent un respect passif à l'action de l'autorité administrative. « Quelque exorbitante, « disent-ils, quelque illégale que paraisse une mesure prise « par l'administration, l'autorité judiciaire est tenue de s'abs- « tenir de toute attaque, de toute réclamation dirigée contre « elle. Le principe est qu'il n'appartient qu'à l'administration « de juger l'acte émané d'un de ses agents. »

Certes, nous ne prétendons pas avancer que les tribunaux pourront s'immiscer dans les motifs qui ont présidé à un acte administratif, et seront compétents pour le réformer; nous disons, qu'étant gardiens de la propriété, ils doivent assurer son inviolabilité toutes les fois que l'administration qui a besoin du sacrifice de cette propriété, n'aura pas rempli toutes les formalités que la loi exige pour y arriver.

Le juge est obligé de faire exécuter et respecter les ordres de l'administration, mais seulement quand ils sont légaux et constitutionnels. Si je veux un pouvoir exécutif libre, fort, énergique, je le repousse envahisseur, inconstitutionnel, et je pose mon drapeau au milieu de la magistrature qui sera toujours, comme elle l'a été aux temps les plus reculés, la sauvegarde de nos libertés. L'inviolabilité de la propriété immobilière n'est pas relative; elle est absolue; elle ne cède qu'au cas d'urgence pour le salut public; hors de là il n'est permis d'y toucher que dans les conditions déterminées par les lois, et celui qui y touche autrement, qu'il soit simple particulier ou ministre, est justiciable de l'autorité judiciaire.

Nous passons maintenant à d'autres questions qui se rapportent aux actions possessoires :

L'autorité administrative a le droit d'accorder des concessions ou des autorisations; mais pour exécuter ces concessions ou ces autorisations, celui qui les a obtenues est obligé de porter atteinte à ma propriété, pourrais-je le repousser par l'action possessoire?

Évidemment encore oui, je pourrai le repousser; car l'autorité administrative ne peut accorder une concession ou une autorisation que tous les droits des tiers respectés. La concession ou l'autorisation présuppose un accord antérieur avec le tiers à qui cette concession ou cette autorisation va être dommageable; or, la contestation judiciaire prouvera que cet accord n'existe pas, et l'exécution de l'acte sera suspendue tant que la volonté du propriétaire qui se plaint n'aura pas été obtenue par les voies amiables ou par les voies judiciaires.

Ainsi le riverain d'un cours d'eau obtient la permission de construire un moulin. Pour que ce moulin puisse marcher, il faut une digue, un barrage qui détermineront la chute d'eau; ce barrage est compris dans l'autorisation administrative; mais pour l'établir, il faut construire sur la rive qui m'appartient, c'est-à-dire, qu'il faut m'exproprier d'une partie de mon terrain. Je m'y oppose; l'exécution de l'acte est suspendue, jusqu'à ce qu'on ait acheté mon terrain, et sans doute un simple particulier ne pourra pas faire ce que l'État lui-même n'aurait pu obtenir pour un travail d'intérêt général, sans une loi ou une ordonnance d'utilité publique et sans une expropriation régulière.

A plus forte raison, les tribunaux pourraient-ils ordonner la démolition d'un barrage établi par un particulier de son autorité privée. Il n'y a pas ici d'acte administratif; c'est en dehors de toute autorisation qu'agit illégalement le particulier (M. Daviel, t. II, p. 203, n° 666).

De même encore, l'autorité judiciaire pourrait ordonner la destruction de travaux construits sur une voie publique par des particuliers, alors même qu'ils auraient été légalement autorisés. Si ces travaux portent atteinte aux droits des tiers, par exemple s'ils ont pour effet d'anéantir un droit de vue ou de passage (Cour de Cass., 10 nov. 1841, *Comm. de Burcy* contre *Chorlet*; 12 juillet 1842, *David* contre *Drahon*).

Les actions possessoires seraient encore utiles à intenter, notamment :

1° Lorsqu'un entrepreneur de travaux publics, au mépris des limites fixées par le jugement d'expropriation, veut s'emparer d'une propriété privée. Il est évident que les tribunaux seraient compétents pour réprimer une pareille entreprise.

2° Lorsque le fermier d'un bac à rames, qui use de la faculté à lui accordée de le convertir en bac à traille, se permet à cet effet de planter les arbres de la traille et de faire des chemins d'avenue, sur les fonds d'un propriétaire riverain; il ne peut alors revendiquer la juridiction administrative (22 mars 1827, *Offarel* contre *Faurée*).

3° Lorsqu'il ne s'agit que de la possession entre un adjudicataire de biens nationaux et un tiers ou entre deux adjudicataires, parce que la déclaration des termes de la vente n'est nullement nécessaire pour la décision de la question de possession annale (25 janvier 1807, *Sergent;* 16 août 1808, *Aurival* contre *Dumas;* 3 juin 1818, *Jaumes* contre *Barnèdes;* Paris, 15 janvier 1808, *Ardent;* Henrion de Pansey, *Compétence des juges de paix*, ch. 25, p. 364).

1° L'action possessoire s'applique aux *immeubles corporels*. Cependant ils ne peuvent être l'objet de cette action qu'autant que, placés dans le commerce, ils sont susceptibles d'être acquis par usucapion. Ainsi entre le domaine public et un particulier, qui est la partie adverse, la distinction est immense relativement à l'action possessoire.

Et d'abord, lorsqu'il est reconnu qu'un fonds a anciennement fait partie du domaine public; qu'un particulier s'en est emparé, qu'il s'agit de savoir s'il y a eu une décision du gouvernement qui ait supprimé le service public qui s'y exerçait, ou si par les dégradations matérielles de ce fonds il a cessé d'être propre au service public auquel il avait été consacré, et si par là il est entré dans la classe des propriétés ordinaires et presciptibles, c'est là une question préjudicielle et de fait sur laquelle il doit être statué avant tout.

Vient ensuite la question du possessoire. S'il est reconnu et décidé qu'il y ait eu, de la part du gouvernement, une décision portant la suppression du service public, ou s'il est reconnu que les dégradations ou changements dans le matériel du fonds y ont causé une extinction absolue ou totale du service public, le particulier qui jouit du sol doit avoir l'action possessoire en maintenue, et même il doit être déclaré propriétaire en vertu de la prescription acquisitive, si sa possession et cet état de choses remontent au delà de trente ans.

Si, au contraire, il est reconnu que cet état d'extinction absolue et totale du service public n'existe pas, le droit d'imprescriptibilité durant toujours en faveur du domaine public, le particulier qui s'est emparé du fonds, n'aura ni les avantages de l'action possessoire en maintenue, ni, à plus forte raison, ceux de la prescription à prétendre.

Ce dernier résultat doit s'appliquer à toutes les anticipations qui peuvent être commises soit aux bords des grandes routes ou de tous autres chemins publics, soit aux bords des rivières, soit enfin sur l'intérieur des limites des terrains militaires qui ne sont point abandonnés et des ports de mer, attendu que l'imprescriptibilité existe toujours dans le fonds principal et dans ses accessoires et dépendances, tant qu'il y a exercice public qui en est le principe.

Mais ces diverses distinctions ne sont point applicables dans la question du possessoire, dont les avantages seraient revendiqués à la requête du domaine public, attendu, d'une part, qu'il n'y a pas d'imprescriptibilité à lui opposer, et que, d'un autre côté, sa possession est vraiment civile et exercée sur le fonds à titre de maître.

Et d'abord il n'y a pas d'imprescriptibilité à lui opposer

de la part des propriétaires qui viendraient se plaindre des anticipations commises sur leurs héritages par les agents du domaine public, puisque la loi de la prescriptibilité s'applique en général à tous les fonds du domaine privé.

D'autre part, la possession du public sur le fonds destinés à son service, est une véritable possession civile exercée à titre de maître.

Pour se convaincre de cette vérité, il suffit de reporter sa pensée sur ce qui se fait ou se passe lors de la création d'un établissement public, tel qu'une route ou un canal de navigation, ou un autre ouvrage destiné au service de la société.

Lorsqu'il s'agit de créer quelques-uns de ces établissements, et qu'à cet effet on doit occuper des fonds particuliers, l'on débute par une expropriation pour cause d'utilité publique, au moyen de laquelle les anciens propriétaires abandonnent la propriété de leurs fonds qui dès lors entrent dans le domaine public. D'où il résulte que la possession exercée ensuite par le public sur ces terrains, est une vraie possession civile exercée à titre de maître sur le fonds même.

Il faut encore en tirer une autre conséquence, c'est que s'il n'y avait pas eu expropriation expresse du fonds, le public pourrait, au moyen de la même possession du sol, en acquérir la propriété par la prescription, et c'est ainsi que cette question a été décidée par une ordonnance du 27 juillet 1814, l'*État* contre *Jacques Portier*, *Bullet.*, t. II, p. 73, 5e série; voy. M. Proudhon, t. I, p. 285, *Dom. publ.*

2° L'action possessoire s'applique aux universalités juridiques d'immeubles. Toutefois, elle ne peut, en fait d'universalités, être exercée que par l'héritier ou le légataire universel auxquels la loi attribue la saisine héréditaire (art. 724 et 1006 du Code civ.). Ainsi l'État considéré comme successeur irrégulier ne pourrait revendiquer la succession en déshérence que par l'action en pétition d'hérédité.

3° L'action possessoire s'applique aux servitudes, soit personnelles, soit réelles, sauf quelques restrictions.

Les servitudes personnelles, c'est-à-dire l'usufruit, l'usage et l'habitation sont toutes susceptibles d'être l'objet de l'action possessoire. Mais en ce qui concerne les servitudes réelles, il faut distinguer celles qui sont établies par la loi de celles qui dérivent du fait de l'homme.

Parmi ces dernières, il faut sous-distinguer encore celles qui sont susceptibles de s'acquérir par usucapion et celles qui ne peuvent s'acquérir que par un titre émané du propriétaire du fonds servant.

Les servitudes établies par la loi et celles qui dérivant du fait de l'homme peuvent s'acquérir par usucapion donnent ouverture à l'action possessoire en faveur du possesseur du fonds dominant, toutes les fois qu'il est troublé dans l'exercice de son droit.

Au contraire, les servitudes qui ne s'acquièrent que par une concession du propriétaire du fonds servant, ne sauraient être l'objet de l'action possessoire, à moins que celui qui prétend une servitude de ce genre ne puisse invoquer à l'appui de sa possession, et pour la colorer, un titre constitutif de servitude émané du propriétaire de l'héritage servant. C'est ce qui a été décidé par un arrêt de la Cour de cassation du 5 novembre 1842, *Jattiot* contre *Commune de Laître-sous-Amance*. Mais cet arrêt, sous un autre point de vue, paraît méconnaître les principes qui régissent la séparation des pouvoirs, en déclarant l'autorité judiciaire incompétente pour prononcer sur l'indemnité due au propriétaire lésé et résultant du dommage permanent à lui causé par l'écoulement des eaux dans ses caves. Nous aurons occasion de revenir sur la matière des dommages à la section de l'expropriation.

Nous avons dit que l'action possessoire appartenait toujours à la compétence judiciaire. Il importe peu que le terrain en litige soit la propriété de l'État, d'un département ou d'une commune; que ce terrain forme une dépendance d'un chemin vicinal, ou qu'il s'agisse de la jouissance d'un cours d'eau. La compétence est toujours la même.

Ainsi la jurisprudence et la doctrine ont appliqué ces principes :

1° Aux propriétés de l'État (9 septembre 1806, *Gramme;* 23 janvier 1814, *Turquand d'Auzay;* 26 août 1818, *le prince de Hohenzollern* contre *Mage;* 24 janvier 1827, *Baillif* contre *Quelin*).

2° Aux propriétés communales ou prétendues telles et à celles d'origine communale qui ont été l'objet d'une vente administrative (3 août 1808, *Martin Devillers* contre la *Commune de Villers;* 18 septembre 1813, *Beaufrays;* 4 juillet 1827, *Viefville* contre la *Commune de Liez*).

3° Aux terrains dépendant de chemins vicinaux, comme, du reste, nous l'avons déjà dit (*Fevreau* contre *Ardouin,* 28 septembre 1816; 14 décembre 1825, *Presson;* 31 août 1828, *Decrusy.* — Cour de cass., 8 juillet 1829, *Bunouf;* 31 juillet 1832, *Poultier;* 26 février 1833, *Rothschild* contre la *Commune de Jossigny;* 22 juin 1835, *Gélis* contre *Teyssonnière*).

4° Au trouble apporté à la jouissance des cours d'eau non navigables, ni flottables; en voici la raison : les propriétaires riverains de ces sortes de cours d'eau en sont considérés comme usufruitiers ou superficiaires. De là résultent, entre autres conséquences, les suivantes :

a. Ces propriétaires ont réellement toutes les actions du maître pour revendiquer en leur nom propre tous les droits qui leur appartiennent sur ces cours d'eau.

b. Les droits d'irrigation, de pêche et autres dont ils jouissent, sont autant d'attributs du droit d'usufruit qui leur appartient et qui les embrasse tous, d'où il suit que chacun de ces droits leur appartient et qu'ils peuvent le réclamer au même titre que le droit d'usufruit lui-même.

c. Pour la garantie de jouissance de tous ces droits, ils peuvent, suivant les circonstances, employer le secours des actions possessoires à l'effet de repousser le trouble qui leur serait causé.

Et en effet, soit qu'on les envisage comme usufruitiers perpétuels de la rivière, soit qu'on les assimile à des superficiaires, ce qui dans l'hypothèse ne diffère que dans les termes, il sera toujours vrai de dire que vis-à-vis de tout autre que le gouvernement ils jouissent *pro suo;* que leur possession est véritablement civile, puisqu'elle est exercée à titre d'usufruit ou de superficie, et qu'embrassant l'utilité du domaine ou tout ce qui appartient au domaine utile, il faut bien qu'ils aient aussi l'exercice de toutes les actions qui s'y rattachent

5° Au trouble apporté à la jouissance des établissements et des usines établies sur les cours d'eau.

6° Aux exploitations des mines (voy. Cotelle, t. II, p. 219, n°s 8 et suiv.).

Les mines une fois concédées deviennent la propriété des concessionnaires qui ont pour se maintenir en leur possession, le privilége des actions possessoires. Il en est de même des lais et relais de la mer (Cour de cass., 3 novembre 1824, *Arrighi*).

SECTION II.

Questions de bornage.

La délimitation par le bornage, des propriétés, est une opération matérielle qui ne peut être exercée que par les moyens du droit civil, et ordonnée par les magistrats de l'ordre judiciaire. Il faut donc voir un déclassement dans les dispositions légales qui donnent pouvoir à l'administration forestière de procéder au bornage des bois et forêts de l'État, de la couronne, des communes, des établissements publics, et de ceux possédés à titre d'apanage (voy. *Code forestier*, art. 8 et suiv., 88, 89 et 90). Mais s'il s'élève des difficultés relativement au bornage de ces forêts, elles doivent être portées devant les tribunaux (voy. Cormenin, *Bois*, t. I, p. 280; Dufour, t. I, p. 376, n° 448).

Les difficultés sur le bornage ne peuvent faire naître que des questions de propriété, du domaine de l'autorité judiciaire.

Ainsi les tribunaux sont appelés à juger :

1° Les contestations qui s'élèvent relativement à la limitation des mines entre des exploitants voisins (21 février 1814, *Société de la Hestre* contre *Société de Marimont*). Celles qui s'élèvent entre l'administration et les exploitants sont décidées par l'acte de concession (loi du 2 avril 1810, art. 56). Cette question rentre dans les pouvoirs de l'autorité administrative, puisque c'est à elle à indiquer les mines qu'il lui appartient de concéder et qu'elle entend concéder et jusqu'à quelles limites; évidemment ce n'est plus une question de propriété, ce serait tout au plus une question d'interprétation de l'acte de concession.

2° Celles existant entre des concessionnaires de dessèchement de marais et les propriétaires riverains sur la fixation des limites des terrains concédés (13 mars 1822, *Comm. de Montoir* contre les *Concessionnaires des marais de Donges*).

3° Celles qui divisent deux communes sur les limites de leurs propriétés respectives (24 octobre 1810, *Comm. de Zevaco* contre *Comm. de Frassato*).

Les jugements des tribunaux sur cette question ne feront point obstacle aux arrêtés préfectoraux et aux ordonnances royales qui détermineront les limites de deux communes pour les opérations cadastrales; c'est une mesure d'administration qui rentre dans les pouvoirs de l'autorité administrative.

4° Celles relatives à la délimitation des cours d'eau non

navigables et navigables, des grandes routes, etc., avec les propriétaires riverains. Mais à l'autorité administrative appartient le droit de fixer la largeur et les limites de ces sortes d'immeubles, selon les besoins de l'administration. Ainsi, je suppose que l'administration détermine la largeur d'une route, et qu'un particulier veuille s'opposer à ce que le public empiète sur son terrain, les tribunaux ne pourront que lui allouer une indemnité pour compenser la perte que lui occasionnera la nouvelle largeur de la route.

M. Chauveau, Adolphe (t. II, n° 575, II), croit que M. Proudhon (t III, n° 744, *Dom. publ.*) a commis une erreur en attribuant compétence à l'autorité judiciaire pour statuer sur les contestations relatives à la délimitation des cours d'eau navigables. Mais il nous semble qu'il n'existe dans l'esprit de M. Chauveau qu'un simple malentendu sur l'opinion de M. Proudhon. En effet, M. Proudhon ne dénie pas à l'administration le droit de fixer la largeur et les limites de ces cours d'eau selon les besoins de la société, comme mesure administrative; mais s'il s'élève des difficultés sur cette délimitation avec les fonds riverains, ce sera alors une question de propriété du domaine des tribunaux. Il en est de même des terrains militaires et de toutes les choses du domaine public, comme rues, places, etc.

Si pour décider la question des limites qui doivent être fixées entre les parties, il fallait recourir à un acte administratif dont le sens et la portée seraient contestés, les tribunaux devraient renvoyer cette question préjudicielle devant l'autorité administrative. Mais après que l'autorité administrative aura déclaré le sens de l'acte, comme aussi lorsque le sens et la portée de cet acte ne sont point en question, et que la difficulté doit être résolue par les moyens du droit commun, les tribunaux ordinaires sont seuls compétents.

C'est ce qui a été décidé :

1° En matière de ventes de biens nationaux (21 juin 1813,

Dufour et Figarol contre *Lecoq;* 5 juin 1838, *Hévin* contre *comm. de Rhétiers;* 23 décembre 1815, *Engrand* contre *Helloin;* 19 juillet 1826, *Richard* contre *Joviac.* Cour de Cass.; 24 juillet 1838, *préfet du Gard* contre *Ambiel*).

2° En matière de ventes de biens d'origine communale, cédés à la caisse d'amortissement en vertu de la loi du 20 mars 1813, et revendus par cette caisse (6 novembre 1817, *Jacomet* contre la *Comm. de la Séméac;* 29 août 1821, *Mignot* contre la *Comm. de Saint-Marcel;* 8 mai 1822, *Béard* contre la *Comm. de Cressin-Rochefort;* 26 mars 1823, *Prévost* contre le *Domaine*).

SECTION III.

Débats sur le fonds de la propriété.

Les débats qui s'élèvent sur les questions relatives au fonds de la propriété, donnent naissance à l'action appelée dans la pratique action *petitoire*. Cette action qui de sa nature peut avoir pour objet des meubles ou des immeubles corporels, n'est admise en droit français qu'à l'égard de ces derniers, sauf quelques exceptions déterminées spécialement par la loi.

Les questions du fonds de la propriété concernent le sol; elles sont éminemment judiciaires.

Toutefois si leur décision était subordonnée à l'interprétation d'un acte administratif, c'est à l'autorité administrative qu'il faudrait s'adresser pour obtenir cette interprétation (Lettre du ministre de l'intérieur du 15 novembre 1839, *Journal des Communes*, t. XIII, p. 141; 13 août 1828, *Ville de Calvi;* 16 juin 1831, *Fauleau.* — M. Daviel, t. I, p. 433, n° 494; Chauveau, t. II, n° 579).

De même, avant de statuer sur certaines questions de propriété, les tribunaux doivent renvoyer devant l'autorité administrative pour avoir des renseignements qu'elle seule peut donner. Ainsi, avant de juger la question de propriété des lais et relais de la mer, l'autorité administrative devra déterminer la limite que la mer atteint dans ses plus hautes marées, en supposant qu'il y ait contestation sur ce point (18 mars 1842, l'*État* contre *d'Anglade*).

Malgré ces principes, les questions de propriété ont souvent été revendiquées par l'autorité administrative. L'État était engagé dans la contestation; ou bien c'était un département, ou bien encore une commune ou un établissement public. Il s'agissait de féodalité; la conservation des bois était en discussion; la contestation concernait des domaines engagés ayant une origine domaniale, ou bien la propriété d'une mine ou de terres comprises dans un desséchement de marais. Le débat était relatif à une source, à un cours d'eau ou à des usines établies sur une rivière; le sol était nécessaire pour des travaux publics ou pour la viabilité publique, etc. Dans toutes ces espèces et autres semblables, le sophisme le plus étrange voulait attribuer compétence à l'autorité administrative; mais je dois déclarer que de pareilles doctrines ont constamment été repoussées.

Examinons d'abord, sous forme d'exemple, quelques-unes des questions controversées; nous les signalerons ensuite avec les principaux monuments de jurisprudence qui ont consacré les véritables principes et déclaré l'autorité judiciaire compétente.

En commençant, arrêtons-nous sur les questions de propriété concernant les domaines de l'État.

L'État doit être envisagé sous une double physionomie: *nation, royaume, unité nationale,* l'État a son armée, son trésor; il lui faut des recettes qui balancent ses dépenses; il fait exécuter de grands travaux; il veille à la sécurité et à la salubrité publiques, à la libre circulation sur toutes voies publiques, à l'exercice des droits politiques, etc.

L'État ici est la personnification de l'intérêt public; c'est l'absorption des intérêts individuels; c'est la nation tout entière dont les grands intérêts sociaux se résument dans ce seul mot : l'*État*. L'*État, c'est moi*, disait un de nos plus grands rois; je crois pouvoir dire en 1846 : L'*État, c'est nous*. Vouloir appliquer à l'État considéré sous ce point de vue élevé, les maximes du droit civil, les entraves de la juridiction ordinaire, ce serait méconnaître les règles les plus vulgaires de la conservation de la société, ce serait pour chacun de nous, si porté à s'individualiser, si enclin au stérile égoïsme, sacrifier notre grandeur nationale, notre force intérieure, notre position extérieure. Du reste, à l'État seul se rattache l'intérêt général. Les fractionnements du territoire, comme le département, la commune, les établissements publics, nécessitent une surveillance tutélaire de l'État, mais chacune de ces personnes morales ne peut, à moins d'exception, revendiquer comme garantie, une juridiction qui n'est réservée au pouvoir exécutif, que pour faire respecter un principe éminemment conservateur.

Mais l'État peut être envisagé sous un autre aspect. *Personne morale, propriétaire*, il a ses champs, ses bois, ses maisons, comme les départements, les communes, les établissements publics, enfin comme le simple propriétaire. On dit *domaine de l'État, directeur des domaines, biens privés de l'État*. *Qui terre a, guerre a*, porte un vieux proverbe. L'État propriétaire est donc appelé à intenter des procès pour faire respecter ses droits de propriétaire, ou à défendre à des actions injustement formées contre lui. Or, que l'État, ou, en d'autres termes, le roi, attaque ou se défende, qu'il agisse pour acquérir ou pour conserver, c'est une question de propriété qu'il s'agit de résoudre; et comme les propriétaires particuliers sont sous la sauvegarde des lois, les chances dans une lutte de cette espèce doivent nécessairement être égales. D'ailleurs, le prince ne peut opposer à son adversaire que ses titres ou sa possession, c'est-à-dire que les droits qu'il tient de la loi civile. Or, toutes les contestations que règle la loi civile rentrent dans le domaine de l'autorité judiciaire. C'est donc aux tribunaux qu'il appartient de statuer sur de pareilles questions.

Les obstacles qui s'étaient élevés longtemps contre le progrès de la juridiction civile, étaient nés successivement de l'esprit ombrageux de la législation révolutionnaire, qui se défiait de la doctrine des tribunaux et de l'interprétation extensive et fausse donnée à l'art. 4 de la loi du 28 pluviôse an VIII; on assimilait tous les biens du domaine de l'État à ceux qui avaient été vendus nationalement pendant la révolution, et l'on violait par l'application d'une exception politique, la garantie légitimement due aux droits et à la propriété ordinaire. Aussi, quand la Charte de 1814 eut proclamé l'inviolabilité de toutes les propriétés sans distinction de celles appelées *nationales*, quand elle eut rendu la vie à ce vieux principe de notre droit, si souvent méconnu, que nul ne peut être distrait de ses juges naturels, le droit administratif s'est profondément modifié dans sa doctrine sur la compétence; les juges civils sont les *juges naturels* de la propriété, et le conseil d'État, par une ordonnance du 25 mars 1830, a reconnu le principe désormais incontestable que toutes les questions de propriété devaient appartenir aux tribunaux.

Examinons maintenant quelle est l'autorité compétente pour statuer sur les débats qui concernent le domaine public.

Cette question trouve encore sa solution dans les mêmes principes. Ainsi à supposer qu'un propriétaire riverain soit accusé d'avoir commis quelque anticipation sur le sol public d'une route ou d'un chemin vicinal, et qu'il soutienne que le terrain qu'il a cultivé lui appartient entièrement; comme à supposer que ce propriétaire voisin de la route se plaigne de ce que le public a commis une invasion latérale sur son fonds, ce qui peut être occasionné par le défaut d'entretien du chemin, et que le préfet ou le maire, actionnés sur le fait de cette déviation prétendue, soutiennent au contraire qu'il n'y a pas d'anticipation, dans l'un et l'autre cas la question de propriété doit être également soumise à la justice ordinaire, sauf ensuite au particulier déclaré propriétaire à faire la concession de la propriété, moyennant indemnité, au domaine public, si elle était reconnue nécessaire à la libre viabilité du chemin.

Il en serait de même s'il s'agissait de la délimitation d'un terrain militaire ou du sol public d'une rivière, sur lesquels on reprocherait au riverain quelque anticipation que de son côté il soutiendrait n'être pas réelle, ou enfin de celle des rues et places publiques des villes et villages, attendu que dans tous ces cas il y aurait des questions de propriété relatives au domaine public qui s'applique également à toutes ces espèces de fonds (voy. M. Proud'hon, t. I, p. 280, n°s 234 et suiv.).

Les fonds qui appartiennent au domaine public deviennent prescriptibles, non-seulement lorsque le gouvernement a expressément supprimé le service auquel ils étaient assujettis, mais encore lorsque, par des dégradations matérielles, ils ont été réduits à un état tel que le service public auquel ils avaient été civilement consacrés ne peut plus s'y exercer, et que l'autorité publique, préposée à la conservation de ce service, l'a abandonné.

Dans ces cas de suppression expresse ou tacite du service public, le fonds sur lequel il s'exerçait se trouve replacé dans le domaine de propriété proprement dite de l'État, si le service public était à sa charge, comme quand il s'agit d'une grande route, ou dans le domaine de propriété communale, quand il s'agit d'un chemin vicinal, ou autre voie publique d'un ordre inférieur; et c'est pourquoi ce terrain devient, comme les autres fonds nationaux ou communaux, prescriptibles au profit de ceux qui s'en seraient emparés, et qui en auraient eu la possession civile durant le temps fixé par la loi; nous avons déjà vu ces principes en parlant des actions possessoires. Hé bien! toute contestation élevée sur cette espèce de prescription acquisitive prétendue d'un côté et déniée de l'autre, serait encore dans les attributions de la justice ordinaire; et c'est au tribunal saisi de la cause qu'il appartiendrait d'ordonner toute vérification nécessaire pour reconnaître préjudiciellement l'état de dégradation de l'ancien établissement, et s'assurer jusqu'à quel point il y aurait eu désertion du service public, depuis quand il aurait été entièrement abandonné, comme encore depuis quelle époque le particulier qui prétendrait avoir prescrit le fonds en aurait eu la vraie et réelle possession.

Néanmoins il faut remarquer que la question d'opportunité ou d'utilité du terrain pour le chemin ou autre service public, n'appartient toujours qu'à l'administration active, dans les attributions de laquelle elle reste exclusivement; car c'est là une question de mesure administrative, de mesure d'intérêt général. L'administration a toujours le droit de statuer sur la position et l'étendue que doit avoir tout établissement fait ou restauré pour un semblable service; c'est toujours à elle à statuer, par exemple, comme nous l'avons déjà dit, sur l'emplacement et la largeur à assigner aux routes; sur les rectifications, les améliorations et entretien à y faire, de sorte que la décision des tribunaux sur la propriété du sol ne met aucun obstacle à ce que le terrain litigieux soit ajouté au chemin; mais elle a pour effet d'attribuer à celui qui aura été judiciairement déclaré propriétaire du fonds, le droit de réclamer l'indemnité due à ceux qui sont expropriés pour cause d'utilité publique (voy. les deux décrets du 16 octobre 1813, *Bullet.*, t. XIX, p. 304 et 318, 4e série).

Nous allons indiquer, comme nous l'avons annoncé, les

principales questions de propriété qui ont été controversées et la jurisprudence qui toutes les soumet à l'autorité judiciaire.

Ainsi à l'autorité judiciaire appartient le droit de juger :

1° Les questions de propriété concernant le domaine de l'État ou de la couronne (18 juillet 1807, *Desimple;* 14 novembre 1807, *Jadot* contre le *Domaine;* 21 novembre 1806, *Coupez* contre le *Domaine;* 23 février 1820, *Turnier;* 27 septembre 1820, *Raymond* contre le *Domaine;* 27 avril 1825, *Bourdet;* 27 février 1835, *Touillet.*—Proudhon, t. I, p. 199, n° 149. Cotelle, t. III, p. 183, n° 1. Laferrière, p. 146).

2° Celles relatives au domaine militaire, lorsqu'il s'agit, par exemple, de savoir si les terrains ou bâtiments situés dans le rayon militaire des places fortes, appartiennent à l'État ou à des particuliers (13 août 1828, *Ville de Calvi.*—Foucart, t. II, p. 50, n° 50. Proudhon, t. I, p. 313, n° 234. Laferrière, p. 359).

3° Celles qui s'élèvent entre l'État et un département (6 mai 1836, *Préfet du Pas-de-Calais* contre *l'État*).

4° Celles concernant les fabriques, hospices et autres établissements publics (décret du 30 décembre 1809, art. 80; 22 septembre 1814, *Hospices de Toulouse* contre *Bosc;* 4 juin 1816, *Lowel* contre *Fritsch.* — Cour de cass., 22 pluviôse an XIII, *Hospices de Chantilly*).

5° Celles qui s'élèvent entre plusieurs communes ou sections de communes (28 novembre 1809, *Comm. de Vauvey* contre *Comm. de Villiers;* 13 juillet 1813, *Comm. de Vingran;* 20 novembre 1815, *Habitants de Fraisse* contre *Habitants de Lascoux;* 21 mars 1821, *Habitants de Conchas* contre *Habitants de Valade;* 7 juin 1826, *Comm. d'Orgon* contre les *Comm. de Cavaillon;* 23 avril 1836, *Comm. de Lavallée* contre *Comm. de Trigny.*—Proudhon, t. I, p. 199, n° 149. Dufour, t. I, p. 562, n° 672).

Ou bien entre des communes et l'État (4 juin 1816, *de Saulx-Tavanne* contre *Comm. de Véronne;* 6 janvier 1830, *Comm. de Sode*).

Ou bien entre des communes et des établissements publics (19 juillet 1826, *Fabrique de Saint-Christophe* contre *Comm. de Tureving*).

Ou bien enfin entre des communes et de simples particuliers (21 mars 1809, *Brondelli* contre la *Comm. de Murello ;* 18 janvier 1813, *Juchault-Desjamonières* contre la *Comm. de Cellier;* 23 décembre 1815, *Normand* contre la *Comm. d'Ecoyeux ;* 30 janvier 1817, *Mabon ;* 20 juin 1821, *Rougier* contre *Bourland ;* 30 décembre 1822, *Comm de Mezières* contre *Conapel ;* 28 juillet 1824, *Travers* contre le *maire de Mesnil-Raoult ;* 2 août 1836, *Alix et Mermot* contre la *Comm. de Dompierre.* — Cour de cass., 17 décembre 1838, *Guyot* contre la *Comm. de Ville-les-Aulesy.* — Cormenin, 1re édition, t. I, p. 95).

6° Les contestations sur la propriété de biens vendus comme communaux par la caisse d'amortissement, en vertu de la loi du 20 mars 1813, et qui sont revendiqués, soit par les communes, soit par des tiers (13 février 1815, *d'Herbais;* 25 juin 1817, *Sauret;* 8 mai 1822, *de Rohan-Soubise* contre *Gosse;* 30 décembre 1822, *Salze* contre *Maure;* 19 décembre 1827, *Gérard;* 1er août 1834, *Mazet* contre *Latreille ;* 2 juin 1837, *Comm. de Voray* contre *Guégain.* — Cormenin, 1re édition, t. I, p. 114; Chevalier, v° *Communes*, t. I, p. 129).

7° Les contestations relatives à l'usurpation de biens communaux depuis la loi du 10 juin 1793, qui en a ordonné le partage, lorsque le détenteur nie l'usurpation, et se prétend propriétaire à tout autre titre qu'à titre de partage, et dans tous les cas, lorsque la commune est désintéressée dans la contestation, et qu'il s'agit d'usurpation d'un copartageant vis-à-vis d'un autre (loi du 9 ventôse an XII, art. 8; avis du conseil d'État du 18 juin 1809; ordonnance du 23 juin 1819, art. 16 (10 mars 1809, *Comm. de Ohnenheim;* 11 janvier 1813, *Habitants de Veuilly* contre *Habitants de Saint-Beaujeu;* 10 février 1816, *Guinier* contre *Comm. de Monéteau;* 15 août 1821, *Brûlé* contre le *maire d'Orry;* 24 décembre 1823, *Tourrand;* 26 juillet 1826, *Duroure* contre *Comm. de Louesme;* 10 janvier 1827, *Coulon;* 31 août 1828, *Pineau* contre *Comm. de Malay-le-Roi;* 12 avril 1829, *Ranon de la Vergne* contre *Comm. de Saint-Dizier;* 9 mars 1832, *Dumas* contre *Comm. de Vogué;* 28 mai 1835, *Cordelier* contre *Comm. de Sampans.*—Cormenin, 1re édition, p. 89, t. I; Serrigny, t. II, p. 245, nos 876 et suiv; Chauveau, Adolphe, t. II, p. 363, n° 579).

8° Les questions de propriété de biens prétendus nationaux et revendiqués par des particuliers ou par des communes, comme formant une propriété privée, lorsque la difficulté doit être résolue par des moyens de droit commun ou par la simple application de l'acte d'adjudication, dont le sens n'est pas douteux ou a été déclaré par l'autorité administrative (26 mars 1812, *Becquet;* 20 novembre 1816, *Hervy* contre *Ledo;* 9 avril 1817, *Régie des domaines* contre *Poutier;* 23 juillet 1823, *Hospices de Strasbourg* contre *Comm. de Rheinhards-Munster;* 29 mars 1827, *Larraton* contre *Comm. d'Hasnon;* 18 janvier 1831, *Geslin* contre *Comm. de Longpont;* 25 avril 1839, *Balleroy* contre *Comm. de Balleroy.*—Cour de cass., 15 janvier 1833, *Frémyon.*—Serrigny, t. II, p. 132, n° 750; Chevalier, t. I, p. 415).

9° Les contestations relatives à la propriété de domaines engagés, à la domanialité de ces biens et au point de savoir si l'engagiste doit être déclaré propriétaire incommutable, comme se trouvant compris dans les cas prévus par le décret des 22 novembre, 1er décembre 1790 et par la loi du 14 ventôse an VII (décret des 3-4 septembre 1792, art. 5; 15 juin 1812, *Cornet d'Ecrameville* contre l'*Adminis. des domaines;* 18 mars 1816, *de Changey* contre *Comm. de Changey;* 6 décembre 1820, *veuve Guyot;* 13 novembre 1822, *Couturier* contre *Buffevent;* 15 août 1827, *Ministre des finances;* 15 mars 1829, *Mulot;* 6 janvier 1830, *Ministre des finances;* 22 octobre 1830, *Ministre des finances;* 23 avril 1832, *Ministre des finances;* 22 décembre 1835, *Comm. de Clèville.* — Cormenin, 1re édition, t. I, p. 328; Serrigny, t. II, p. 141, n° 761).

10° Les débats relatifs à des droits de propriété ou autres droits réels qu'on soutient entachés de féodalité, et en général toutes les contestations auxquelles se rattachent des questions de féodalité (23 avril 1807, *Klingler* contre *Bosch;* 4 juin 1816, *Oursin de Montchevrel* contre *Vérel;* 3 février 1819, *de Sassenay* contre *Comm. de Virey*).

11° Les questions de propriété concernant les bois et forêts de l'État ou de la couronne, ou des communes ou des autres établissements publics ou de simples particuliers (28 mai 1812, *Habitants de Jussy* contre l'*Administration forestière;* 9 juillet 1820, *Comm. de Montauban;* 4 juin 1823, le *Domaine* contre *Comm. de Belleray;* 15 juin 1825, *Chonet* contre *Comm. de Montigny;* 6 janvier 1830, *Comm. de Sode;* 9 mars 1836, *Comm. de Thoronet.* — Chevalier, v° *Bois*, t. I, p. 59; Laferrière, p. 165, 2e édition). Celles relatives à la propriété des bâtiments placés à une distance trop rapprochée des forêts, et dont la démolition a été ordonnée par l'autorité administrative (11 juin 1817, *Eberhard*).

12° Les questions des propriétés concernant les sources, les rivières et canaux, les étangs, les usines établies sur les cours d'eau, les digues et barrages, etc. (5 août 1809, *Bach* contre *Struch;* 2 juin 1812, *Lenoble* contre *Méomandre;* 27 août 1817, *Légier de Montfort* contre le *préfet de Vaucluse;* 24 décembre 1818, *Turquin;* 20 juin 1821, *Andran et de Suriau;* 14 août 1822, *Joly* contre *Comm. de Montargis;* 19 février 1823, *Dupuis;* 27 avril 1825, *Labbey de Laroque* contre *Bourget;* 30 avril 1828, *Dubernard* contre

Fourtic; 19 novembre 1837, *Levasseur* contre l'*État*; 30 août 1842, *Leguest*. — Cour de cass., 16 juin 1835, *Préfet de la Haute-Garonne* contre les *Propriétaires du moulin du Bazacle*. — Daviel, t. I, p. 429, n° 488; Proudhon, t. III, p. 187, n° 836; Chevalier, v° *Cours d'eau*, t. I, p. 308).

13° Celles des terrains délaissés par les fleuves et rivières sur leur bords, soit naturellement, soit par suite de travaux de redressement (22 octobre 1808, *Terras*; 27 décembre 1820, *Raymond* contre l'*Administration des domaines*. — Macarel, *Jurisp. administr.*, t. I, p. 411, n° 55).

14° Celle des lais et relais, des plages et rivages de la mer ou des fleuves et rivières (1er septembre 1807 et 3 janvier 1809, *Commune de Pinche-Falise*, *Recueil de M. F. Lebon*, 1843, p. 132; 14 janvier 1824, *Minist. de l'intérieur* contre la *Ville de Marseille*; 26 décembre 1830, *de Chastenet*).

15° Celles qui s'élèvent entre deux communes sur le droit de faire la récolte des herbes, dites *varech*, croissant sur les rochers, près de la mer (25 juillet 1817, *Comm. de Condeville* contre *Comm. de Bréhal*).

16° Celles des îles, ilots, alluvions et attérissements formés dans le lit et sur les bords des cours d'eau navigables ou non navigables, quoique d'ailleurs l'État ou des communes soient intéressées dans la contestation (16 août 1808, *Deplan de Sieyes* contre la *Régie des domaines*; 20 mai 1809, *Roussel* contre *Legous*; 13 janvier 1816, *Lur-Saluces*; 21 mars 1821, *Biousse* contre le *Domaine*; 29 août 1829, *Morin* contre *Comm. d'Ablon*. — Cour de cass., 1er décembre 1835, *Comm. de Roques*. — Proudhon, t III, p. 429, n° 1021; Serrigny, t. II, p. 70, n° 692).

17° Les questions de propriété des sources d'eaux minérales, quand la contestation n'est point engagée entre l'État et une commune (15 janvier 1809, *Bardin*. — Macarel, *Jurisprud. administ.*, t. I, p. 403, n° 33).

18° Les contestations sur la propriété d'une mine elle-même, ou de la surface du sol. Loi du 21 avril 1810, art. 28. — 21 février 1814, *Société de la Hestre* contre la *Société de Marimont;* 24 mai 1833, *Châteauneuf* contre *Cachard.* — Chevalier, t. II, p. 194).

19° Celles relatives à la propriété des mines de sel et des sources d'eau salée (Proudhon, t. IV, p. 400, n° 1405).

20° Les questions de propriété que font naître les dessèchements de marais (loi du 16 septembre 1807, art. 47. — 4 mars 1819, *Martin* contre *Daviais;* 13 mars 1822, *Comm. de Montoir* contre *Concess. des marais de Donges;* 3 décembre 1828, *de Lantage* contre *Comm. de Morains.* — Cotelle, t. II, p. 440, n° 9; Proudhon, t. V, p. 218, n° 1653).

21° Celles concernant la propriété du sol ou des terrains qui forment des dépendances des chemins vicinaux ou communaux. Circulaire ministérielle du 24 juin 1836 (Duvergier, t. XXXVI, p. 121; 10 mars 1809, *Comm. de Ploumoguer* contre *Desson;* 11 avril 1810, *Comballot* contre *Comm. de la Guillottière;* 23 septembre 1810, *Dauriac;* 19 mai 1811, *Milhiet* contre *Comm. de Paracy;* 15 juin 1812, *Vannier et Maubuisson;* 3 janvier 1813, *Comm. de Nuisement* contre *Damas;* 16 octobre 1813, *Bonnet-Dumolard;* 6 novembre 1817, *Lamiraud* contre *Comm. de Bréville;* 4 mars 1819, *Garnier* contre *Comm. de Rupt;* 24 mars 1820, *Comm. d'Averton* contre *Rousse-la-Villeneuve;* 15 août 1821, *Dubreuil de Souvolles;* 20 novembre 1822, *Ferras* contre *Comm. de Hachon;* 7 juin 1826, *Sourzac* contre *Comm. de Lariche;* 6 février 1828, *Lemonnier* contre *Comm. de Saulx-Larchais;* 28 octobre 1829, *Paillard-Ducléré* contre *Comm. de Saint-Jean-d'Assé;* 26 décembre 1839, *Ministre de l'intérieur.* — Cour de cass., 22 juin 1831, *Delabarre,* 18 avril 1838, *Poirier* contre *Comm. d'Availles;* 23 juillet 1839, *de Chazournes* contre la *Ville de Lyon;* 21 février 1842, *Mesnier* contre *Dubois.* — Cormenin, 1re édit., t. I, p. 28;

Proudhon, t. II, p. 213, n° 485, et p. 320, n°s 596 et suiv. Cotelle, t. III, p. 437, n° 31).

22° Celles relatives à la propriété des arbres plantés sur les bords de ces chemins ou sur d'autres dépendances de la voie publique (7 avril 1813, *Pracontal;* 28 août 1827, *Bresson* contre *Comm. de Poiseul;* 14 mai 1828, *Gacon;* 15 septembre 1831, *Dys* contre *de Marolles*).

C'est par erreur qu'une ordonnance du 30 août 1814 (*Mony* contre *Comm. de Courcelles*) a décidé que le conseil de préfecture était compétent pour statuer sur la question de savoir si un terrain formant la berge ou talus d'un chemin vicinal faisait partie de ce chemin, et si ce terrain, ainsi que les arbres qui y étaient plantés, appartenaient à la commune ou à un particulier. C'était là évidemment une question de propriété et par conséquent de la compétence des tribunaux civils. Seulement la décision judiciaire intervenue sur une pareille question ne fait pas obstacle au droit qui appartient à l'administration de reconnaître et de fixer la largeur du chemin.

23° Les questions de propriété de terrains formant le sol des rues, routes et autres dépendances du domaine public, de la grande ou de la petite voirie (15 janvier 1809, *Godet* contre *Comm. d'Écoyeux;* 23 décembre 1815, *Pasquier* contre *Comm. de Lumeau;* 31 janvier 1827, *Conty*.—Cour de cass., 17 avril 1823, *Dupuis*. — Serrigny, t. II, p. 69, n° 690. Proudhon, t. I, p. 312, n° 234, et p. 461, n° 309.

24° Celles relatives à la propriété des arbres plantés sur le sol ou sur les bords des routes royales et départementales (loi du 12 mai 1825, art. 1, § 4. — 15 juillet 1841, *de Montmaur*. — Serrigny, t. II, p. 70, n° 692. Proudhon, t. I, p. 293, n° 272, et p. 461, n° 309).

25° Celles concernant les terrains compris dans la voie publique par suite d'alignement (18 novembre 1818, *Fouquet;* 8 mai 1822, *Routier* contre *Comm. de Pont-de-l'Arche;*

9 janvier 1832, *Genel* contre *Comm. de Montevrain.*—Cour de cass., 20 février 1840, *Blum* contre le *Maire de Thann.* — Proudhon, t. II, p. 148, n° 425).

26° Les débats sur la propriété des halles, marchés et champs de foire (23 décembre 1815, *Normand* contre *Comm. d'Écoyeux;* 9 juillet 1820, *Vandeuvres* contre *Comm. du Putanges.* — Chevalier, v° *Halles*, t. II, p. 161).

27° Celles relatives à la propriété des terrains dont l'administration ou des entrepreneurs se sont emparés pour l'exécution de travaux publics (Amiens, 21 mars 1840, *Charpentier* contre *Liste civile*). Dans la question que traite cet arrêt, le demandeur offrait dans ses conclusions de respecter les travaux; l'administration s'était donc emparée légalement des terrains.

SECTION IV.

Droits incorporels immobiliers.

Les règles qui concernent les propriétés immobilières sont applicables aux droits incorporels immobiliers.

Ainsi l'autorité judiciaire est appelée à juger :

1° Les actions en pétition d'hérédité, encore que l'État détienne la succession par droit de déshérence, d'aubaine, ou de confiscation sur les émigrés.

2° Les actions en résolutions d'immeubles, quand même elles concerneraient l'État ou les autres personnes morales.

3° Toute contestation sur des droits de pêche, quand il ne faudra pas recourir à l'interprétation d'un acte administratif, ou quand le sens de cet acte ne sera point contesté (Cour de cass., 9 novembre 1836, *Dunoyer* contre *Préfet du Lot;* Rouen, 30 mai 1836, *de Praslin* contre *Préfet de l'Eure*).

Lorsque, par la déclaration de navigabilité d'un cours d'eau, les riverains sont privés de leurs droits de pêche, ils ont le droit de demander à l'autorité judiciaire le règlement de l'indemnité qui leur est due (voy. section de l'Expropriation. Lois du 15 avril 1829, art. 3; 19 juin 1838, *Voyer d'Argenson* contre *l'État et le département de la Creuse;* Daviel, t. I, p. 222, n° 254).

En effet, quant à ces droits de pêche, il y a des droits acquis à raison desquels les parties peuvent contester, non pour s'opposer à ce que le fleuve soit rendu navigable, mais pour obtenir une indemnité équitable. Cette contestation se portera devant les tribunaux, parce que ce sont eux qui jugent les questions de propriété.

4° Il en est de même des droits d'arrosage. L'art. 644 du Code civil consacre la servitude d'arrosage en faveur des propriétés qui bordent un cours d'eau non navigable.

5° Ou sur des droits d'hypothèque.

L'hypothèque peut être envisagée sous deux rapports différents (Proudhon, t. I, p. 186, *De la Propriété*).

1° L'hypothèque considérée dans un sens actif, c'est-à-dire dans l'intérêt du créancier auquel elle est acquise, n'est pas due à un héritage comme la servitude; elle n'est due qu'à la personne du créancier. Si elle donne à ce créancier le droit de poursuivre le fonds hypothéqué, ce n'est pas pour revendiquer la propriété ni la jouissance de ce fonds, mais pour obtenir le paiement de la créance sur le prix; elle n'est donc jamais que l'accessoire d'une créance mobilière, soit pour assurer l'exécution d'une convention, soit pour garantir les dommages-intérêts qui pourraient résulter de l'inexécution d'un traité. Or, l'accessoire ne peut être d'une autre condition que le principal. L'hypothèque doit donc être considérée comme meuble dans l'intérêt du créancier.

2° Mais si on envisage l'hypothèque dans un sens passif, il en faut décider autrement.

L'hypothèque frappe le fonds qui en est grevé, comme la servitude est attachée passivement au fonds qui la doit.

L'une et l'autre emportent aliénation d'une portion de la liberté de l'héritage assujetti ; l'une et l'autre sont inhérentes à cet héritage et le suivent en quelques mains qu'il passe. L'hypothèque passivement considérée est un droit réel et immobilier comme la servitude. Il faut donc appliquer aussi au droit immobilier d'hypothèque les principes suivis pour les questions de propriété.

SECTION V.

Usufruit et jouissance.

L'usufruit d'un fonds est un immeuble, parce que l'usufruitier a un droit réel dans la chose même dont il jouit, *jus in re,* droit susceptible d'hypothèque comme le fonds (art. 526, cbn. 2118 du Code civ.). Il faut donc encore appliquer ici les règles qui concernent le sol.

Les tribunaux seront compétents pour juger les contestations sur la jouissance des cours d'eau navigables ou non navigables, flottables ou non flottables, quand elles devront être résolues par des moyens de droit commun ou titres privés. Ils auront donc le pouvoir de décider de quelle manière les particuliers doivent jouir d'une portion des eaux navigables, canaux et ruisseaux de dérivation, en vertu de concessions qui leur ont été faites, dans les limites et sous les conditions desdits actes. Mais s'il fallait recourir à l'interprétation de la concession pour résoudre la question de jouissance, cette interprétation appartiendrait à l'autorité administrative (ordonnance du 28 juillet 1819, *Jourdain*).

La solution de la question donnée par les tribunaux, n'empêchera pas l'administration de faire un règlement d'eau, ou, en d'autres termes, de prendre des mesures d'intérêt général qui pourront changer et modifier les droits des parties. Ainsi, en supposant qu'il s'élève une contestation entre deux propriétaires de prés qui réclament l'un contre l'autre la jouissance de leurs prises d'eau d'irrigation dans un ruisseau qui borde leurs propriétés, le tribunal auquel leurs débats seront portés devra se borner à reconnaître leurs droits respectifs, d'après leurs titres et la possession, pour leur en assurer la jouissance exacte dans l'avenir, et à réprimer les excès ou voies de fait dont l'un se serait jusque-là rendu coupable envers l'autre. Mais si on élève sa pensée plus haut, et que, eu égard à un intérêt collectif de localité ou de salubrité, ce soit l'administration publique qui vienne mettre la main à l'œuvre pour donner à l'écoulement des eaux une meilleure direction et porter le bienfait de l'irrigation dans une région qui auparavant n'en jouissait pas, alors il est possible que les droits préexistants dans les propriétés riveraines restent entièrement abolis, et ils seront totalement supprimés, si l'on a totalement détourné le cours d'eau, tandis que les propriétaires des fonds vers lesquels on aura dirigé le ruisseau, se trouveront dotés d'un droit d'irrigation qu'ils n'avaient pas (décret du 2 nivôse an II; Proudhon, *Dom. public*, t. I, p. 118, n° 105).

Resterait à décider une question d'indemnité; cette question serait judiciaire. La solution de la question de jouissance ne préjugera point non plus aux autres actes et mesures auxquels l'autorité administrative a le droit de procéder dans d'autres sortes de matières.

Ainsi, par exemple, les tribunaux jugeront les questions de jouissance et d'usage d'un chemin public existant dans l'état de viabilité, lorsqu'elles seront soulevées par de simples particuliers dans leur intérêt personnel (Agen, 15 décembre 1836, *Manenc* contre *Constantin*).

Mais à l'autorité administrative reste le droit de réprimer dans un intérêt général, et de juger les contraventions commises sur ce même chemin, parce que c'est elle qui statue sur les affaires relatives à la grande voirie, sauf les questions de propriété.

La jurisprudence a consacré les principes que nous venons d'établir, quand il s'agit de prononcer sur la jouissance des eaux provenant d'un fossé et lorsque l'intérêt administratif n'est pas en cause; cette question appartient aux tribunaux ordinaires (10 juillet 1822, *Bouhours* contre *Margerie*).

Les tribunaux connaissent aussi des difficultés élevées entre deux communes sur la jouissance du varech et le droit d'en faire la récolte (21 octobre 1835, *Comm. de Flamanville* contre *Comm. de Siouville*). Lettre ministérielle du 14 février 1839 (*Bulletin offic.*, 1839, p. 331).

Enfin, nous renvoyons, pour certains cas de compétence, à la section de l'expropriation où nous traitons des indemnités dues à raison de la privation de jouissance résultant des travaux publics.

SECTION VI.

Servitudes.

Une servitude est une charge imposée sur un héritage en faveur et pour l'utilité d'un héritage appartenant à un autre propriétaire (Code civ., art. 637).

La servitude peut être considérée activement et passivement.

Considérée activement et par rapport au fonds pour l'avantage duquel elle a été constituée, elle ajoute à ses aisances, elle est pour lui une qualité qui en augmente la valeur; elle le suit en quelques mains qu'il passe, comme une portion de l'autre fonds détachée pour le service de celui-ci. Elle est donc véritablement un immeuble sous ce rapport.

Considérée passivement et par rapport au fonds qui en est grevé, la servitude est l'aliénation d'une portion de la liberté de ce fonds au profit de l'autre. C'est une charge qui diminue la valeur de l'héritage qui en est le débiteur, charge qui le suit également en quelques mains qu'il passe. Elle est donc encore véritablement immobilière sous ce rapport, et sous ces deux points de vue divers, il faut lui appliquer les principes relatifs au sol même.

Ce principe a prévalu, bien qu'on prétendît que la servitude existait en faveur d'un service public ou était réclamée sur une place publique ou sur une route. Ainsi, il a été jugé que les tribunaux étaient compétents, s'il s'agissait d'une servitude de passage public qu'on soutiendrait exister sur le terrain d'un particulier (21 novembre 1808, *Chassaigne;* 4 juin 1809, *Chabrié;* 29 janvier 1814, *Reynegom;* 20 novembre 1816, *Morel* contre *Comm. de Sainte-Catherine;* 18 novembre, *Farel* contre *Comm. de Clapiers;* 28 juillet 1824, *Gauthier* contre *Pourquier*. — Cour de cass., 31 mai 1837, *Petit* contre *Martin;* Bordeaux, 11 janvier 1831, *Massonneau* contre *Girard*).

C'est encore à l'autorité judiciaire qu'il appartiendrait de juger les questions de servitudes d'eau. Ainsi, la concession d'un canal faite sans la suppression du service de la navigation, n'empêche pas que le canal concédé ne conserve son caractère de voie publique; que comme tel, il reste soumis aux servitudes de vue, de passage et d'égout sur ses francs-bords envers les maisons et édifices adjacents, comme la rue d'une ville est soumise aux mêmes servitudes pour l'usage des bâtiments construits sur ses bords. Dans l'un et l'autre cas, les contestations qui peuvent s'élever sur l'existence de ces servitudes doivent être portées en justice ordinaire, comme ayant pour objet une question de propriété ou de droits accessoires à la propriété foncière des voisins. Proudhon, t. I, p. 255, n° 212 (voy. l'arrêt du conseil du 27 avril 1826 dans *Macarel*, t. VIII, p 227).

Il importerait peu que la servitude fût utile à l'État, à un département, à une commune, à un hospice, etc.; qu'elle soit revendiquée par ces personnes morales ou contre elles, les tribunaux seraient toujours compétents (19 octobre 1808, *Mendericksen* contre l'*Hospice de Dunkerque;* 13 août 1823,

Gravoinet; 16 août 1832, *Tielmann* contre la *ville de Paris.* — Cotelle, t. III, p. 438, n° 31).

C'est aussi à l'autorité judiciaire de juger les questions qui naissent des servitudes légales, quand elles doivent être résolues par des titres privés ou d'autres moyens du droit commun (Metz, 5 juillet 1836, *Préfet de la Moselle* contre *Delavie*).

Il a été jugé avec raison que les tribunaux seuls ou le jury pouvaient statuer sur l'indemnité due aux propriétaires riverains, à raison :

1° De la servitude de halage qui leur est imposée par suite de la déclaration de navigabilité d'une rivière faite par l'administration (M. Husson, t. II, p. 167).

2° De l'établissement d'un passage ou d'un conduit d'eau sur une propriété privée. Je puis ici invoquer la jurisprudence du conseil d'État du 6 mars 1828, *Vigne*. Le 5 septembre 1836 (*Ledos*), voici comment il a consacré ces principes que du reste nous verrons reproduits à notre section de l'expropriation : « Considérant qu'il résulte de l'instruc-« tion et spécialement des arrêtés du préfet de la Seine-Infé-« rieure, en date du 19 décembre 1832 et 30 janvier 1833, « que la crique pratiquée sur la propriété du sieur Ledos, « pour l'écoulement des eaux de la route n° 14, doit rester « ouverte jusqu'à ce qu'il en soit autrement ordonné. Que « dès lors cette crique ou rigole ne constitue pas une occu-« pation temporaire, et subordonnée à l'exécution d'un autre « moyen d'écoulement déterminé par un projet qui ait reçu « l'approbation de l'administration ou qui soit soumis actuel-« lement à son examen; qu'il s'agit en conséquence d'une « occupation permanente ou servitude indéfinie, qui n'est « pas de la nature de celles à l'égard desquelles l'appréciation « de l'indemnité est attribuée aux conseils de préfecture par « la loi du 16 septembre 1807» (voy. Daviel, t. II, p. 548, n° 958).

SECTION VII.

Droits d'usage.

Les droits d'usage sont de véritables servitudes, et les questions qui s'y rapportent, doivent appartenir à l'autorité judiciaire. Ainsi, quand il s'agira de l'existence des droits d'usage, la contestation sera du ressort des tribunaux, pourvu qu'il ne faille pas recourir à l'interprétation d'un acte administratif.

C'est ce qui a été décidé pour des droits d'usage revendiqués.

1° Par des communes ou des particuliers sur les forêts de l'État ou de la couronne (7 mai 1823, *Montcharmont* contre *Salonnier;* 17 décembre 1823, *Comm. de Dossenheim* contre *Comm. d'Imbsheim;* 11 février 1824, *Habitants d'Allogny* contre le *Ministre des finances;* 24 mars 1824, *Ministre des finances; Souanon* contre *Ministre des finances;* 2 août 1826, *Ville de Salem;* 27 août 1828, *Comm. de Merles* contre l'*Administration des domaines;* 25 mars 1835, *Kribs;* 6 mai 1836, *Comm. d'Engenthal* contre *Ministre des finances;* 7 mars 1838, *Comm. de Villiers-Cotterets* contre *Liste civile.* — Cour de cass., 28 mai 1837, *de Montferré;* 27 février 1838, *de Rohan.*

2° Par des communes sur les bois et autres terrains appartenant aux communes voisines (25 février 1815, *Comm. de Replonges* contre *Comm. de Saint-Laurent;* 29 janvier 1823, *Comm. de Thann* contre *Comm. de Cernay*).

3° Par des communes sur les bois et autres terrains des simples particuliers (22 janvier 1808, *Delamotte* contre *Comm. d'Aubry;* 4 février 1824, *héritiers de Bouillon;* 22 décembre 1824, *Joly de Bévy;* 10 février 1830, *Comm. de Bonneuil.* — Cour de cass., 8 novembre 1826, *Main*).

4° Par des particuliers ou des sections de communes sur

les bois et autres natures de biens communaux (1er avril 1811, *Lombard* contre *Butruille*; 9 juillet 1820, *Delauchy* contre *Joly de Bonneville*; 24 janvier 1827, *Comm. d'Octeville* contre *Toussaint*; 8 février 1831, *Renard, Bottier* et autres.

5° Par des communes sur leurs propres biens vendus à des particuliers en vertu de la loi du 20 mars 1813, lorsqu'il s'agit non pas d'interpréter l'acte de vente, mais de l'appliquer entre parties (5 novembre 1823, *Comm. de Saint-Germain* contre *Guettard*; 21 novembre 1834, *Comm. de Barcelonne* contre *Tropania*. — Cour de cass., 23 février 1835, *Marcotte* contre la *ville de Doullens*.

Les tribunaux sont encore compétents pour juger les difficultés que fait naître l'exercice des droits d'usage sur les forêts de l'État, des départements et des communes et des droits de vaine pâture sur ces mêmes forêts.

Ainsi ils jugent les contestations relatives au cantonnement qui a pour but d'affranchir de tout droit d'usage en bois les forêts soumises au régime forestier (art. 63, Code forestier). Si l'usager refuse de consentir au cantonnement qui lui est proposé, s'il élève des réclamations, soit sur l'invaluation de ses droits d'usage, soit sur l'assiette et la valeur du cantonnement, le préfet en réfère au ministre des finances, lequel lui prescrit, s'il y a lieu, d'intenter action contre l'usager devant les tribunaux (voy. ordonn. réglem., art. 112, 113, 114 et 115). — M. Dufour, t. I, p. 423, n° 525).

Le cantonnement constitue un mode d'affranchissement pour les forêts exclusivement propre aux droits d'usage qui s'exercent sur le bois même. Quant aux autres droits d'usage qui s'exercent sur la superficie, et les fruits de l'arbre, tels que pâturage, glandée et panage, il n'y a d'autre mode d'affranchissement que le rachat, moyennant des indemnités réglées de gré à gré; mais en cas de contestation, ces indemnités sont réglées par les tribunaux.

En outre, toutes les questions relatives aux affectations dans les bois de l'État et aux effets qu'elles doivent avoir, sont de la compétence judiciaire. Les actes ou décisions par lesquelles le ministre des finances refuse d'adhérer aux demandes qui lui sont adressées à cet égard par les prétendant droit, ne font pas obstacle à ce que les tribunaux soient saisis (ordonn. du 11 février 1829, de Chastenay-Lanty; Dufour, t. I, p. 409, n° 507).

Lorsque les forêts n'ont pas été affranchies au moyen du cantonnement ou de l'indemnité, il y a lieu à l'exercice des droits d'usage. Néanmoins et pour protéger autant que possible la richesse forestière contre les abus dont ces droits peuvent être l'objet, le législateur a voulu que l'exercice de ceux qui sont conservés pût toujours être réduit suivant l'état et la possibilité des forêts. Dans le projet du Code forestier, l'administration forestière avait reçu l'attribution de régler seule l'état et la possibilité des forêts et de faire sur l'exercice des usages, les réductions qui devaient en être la conséquence. La disposition ainsi conçue était empruntée à l'ordonnance de 1669, titre 19, art. 5, qui confère, en effet, ce pouvoir aux grands-maîtres; mais cette disposition toute rationnelle dans l'ordonnance qui réunissait dans les maîtrises l'administration et la juridiction, n'était plus admissible sous le Code forestier qui a séparé ces deux objets. Il était juste et rationnel de prévoir les abus dans la déclaration de l'état et de la possibilité des forêts, et, dans cette prévision, d'appeler une autorité à prononcer sur les réclamations que ces abus pourraient faire naître. Or, c'est aux conseils de préfecture que ce pouvoir a été accordé par l'art. 65 du Code forestier. Les conseils de préfecture et non pas les tribunaux ordinaires ont été choisis, parce qu'il s'agit seulement de la vérification d'un fait, et, pour ainsi dire, d'une mesure administrative qui touche à l'état de la forêt. Si la vérification touchait aux titres des usagers, si la question relative à l'état et à la possibilité de la forêt ne pouvait être résolue que par l'application des lois et des titres privés, ce serait alors aux tribunaux à statuer (ordonn. du 6 novembre 1817, *Brunet*, 11 octobre 1833, *Comm. de Beuvry;* 25 septembre 1834, *Poulariès*. — M. Dufour, t. I, p. 427, n° 529).

SECTION VIII.

Séquestre.

Les questions accessoires qui se rattachent aux questions de propriété et qui ne peuvent en être séparées, suivent le sort de celles-ci et doivent être jugées par les tribunaux. C'est ainsi qu'un décret du 11 janvier 1812, *Habitants de Lizolles*, décide qu'il n'appartient qu'aux tribunaux, juges de la propriété litigieuse, d'en ordonner le séquestre. Cette règle néanmoins ne devrait pas être appliquée d'une manière trop absolue.

SECTION IX.

Expropriation forcée pour cause d'utilité publique.

La loi du 16 septembre 1807 avait attribué à l'autorité administrative le jugement de toutes les contestations en matière d'expropriation pour cause d'utilité publique. L'attribution était générale, absolue; en aucun cas, l'autorité judiciaire n'était appelée à intervenir. Par suite des abus qui furent la conséquence de ce régime purement administratif, la loi du 8 mars 1810 transféra aux tribunaux le jugement des questions d'expropriation, comme étant relative à la propriété immobilière. Ainsi, à partir de cette époque, l'administration ne fut autorisée que par les tribunaux à se mettre en possession des terrains ou édifices destinés aux objets d'utilité publique, après l'accomplissement de certaines formalités et une indemnité préalable évaluée par l'autorité judiciaire. Les tribunaux ont le droit d'examiner si toutes les formalités ont été remplies, et de refuser l'expropriation, lorsqu'il en manque une seule; mais il leur est défendu de discuter la validité, la régularité et l'opportunité d'aucun des actes administratifs. Les lois des 7 juillet 1833 et 3 mai 1841, en confirmant cette dévolution, ont à leur tour confié à un jury le soin d'évaluer les indemnités dues aux propriétaires expropriés. Si dans certains cas exceptionnels, comme dans le cas de chemins vicinaux ou d'alignement, la loi fait résulter l'expropriation d'un simple arrêté administratif, l'autorité judiciaire n'en sera pas moins compétente pour régler les indemnités, à moins encore d'une loi spéciale qui prononcerait un déclassement; mais les exceptions doivent en tous cas être prévues par une loi. Ainsi, les questions que la loi de 1807 avait exclusivement attribuées à l'autorité administrative, se trouvent aujourd'hui, pour tout ce qui concerne les expropriations, déférées aux tribunaux.

Cependant on n'est pas d'accord sur certains points qu'il est utile d'examiner.

Il est un fait constant : c'est que la loi de 1807 est encore en vigueur dans celles de ses dispositions qui n'ont pas été modifiées par des lois postérieures. Il en résulte que tout ce qui n'a pas été retiré à l'administration par une loi postérieure, est restée dans son domaine en vertu de la loi de 1807, et la question consiste dès lors à examiner ce qui lui a été en effet retiré par les lois de 1810, 1833 et 1841. On ne dénie pas à l'administration le droit qui lui reste de statuer sur les contestations relatives à l'occupation temporaire des terrains et à l'extraction des matériaux sur la propriété. On ne dénie point, d'autre part, que l'autorité judiciaire, et depuis 1833 le jury, n'ait reçu le pouvoir de régler les indemnités dues à raison des terrains et bâtiments dont l'État a besoin pour des travaux d'utilité publique. Mais la propriété privée peut être l'objet de mesures qui ne rentrent dans aucune de ces catégories, qui sont autres qu'une extraction de matériaux, et qui n'entraînent ni une occupation temporaire, ni une occupation définitive. Ces mesures sont entre autres les suivantes :

1° L'État détourne les eaux d'une rivière et diminue ainsi la force motrice qui servait à alimenter une usine.

2° Il effectue sur une route des travaux qui changent la condition de jouissance d'une propriété limitrophe, soit en abaissant ou en élevant le sol de la route, de manière à n'en plus permettre l'accès de plain-pied, soit en exécutant des remblais qui détruisent les vues qui existaient précédemment. A qui appartient-il de régler les indemnités dues aux propriétaires dans ces divers cas? Telle est la question sur laquelle la Cour de cassation et le conseil d'État ont adopté une solution opposée.

La jurisprudence de la Cour de cassation et des tribunaux civils, dont nous n'hésitons pas à suivre l'opinion, soutient qu'il y a expropriation, dès que la propriété subit une altération irrévocable, sans qu'il soit nécessaire que l'héritage sorte des mains de celui qui le possède; et que par conséquent il y a lieu de saisir les tribunaux de la demande d'indemnités, toutes les fois que le dommage résultant des travaux d'utilité publique, est un dommage permanent, comme dans les exemples cités ci-dessus; qu'au contraire, quand le dommage est seulement temporaire, comme en cas d'occupation temporaire d'une propriété, c'est à l'autorité administrative à l'apprécier (Cour de cass., 18 janvier 1826, *Comm. de Nantes* contre *Bienassis;* Angers, 28 janvier 1835, *Bruneau* contre l'*État;* Cour de cass., 11 décembre 1827, *Comm. d'Aix* contre *Dufour;* 30 avril 1838, *Comm. des Moulins* contre *Lhoir;* Paris, 20 décembre 1841, *Préfet de la Seine* contre *Perruchon;* 23 août 1842, *Comm. de Courbevoie* contre *Chameau;* Lyon, 1er mars 1838, *Polaillon* contre *Comm. de la Guillottière;* Cour de cass., 23 novembre 1836, *Bruneau-Notramy;* Angers, 28 janvier 1835, *Bruneau;* Colmar, 14 août 1836, *Dietsch;* Riom, 23 mai 1838, *Soalhat*).

Les auteurs suivants ont adopté cette jurisprudence : (MM. de Caudaveine et Théry, *Traité de l'expropriation*, p. 4 et 5, n°s 7 et 8 ; Gand, p. 401, note 224 et p. 61 ; Foucart, t. II, p. 491, n° 523.

La jurisprudence du conseil d'État est diamétralement opposée à celle des tribunaux ordinaires. Elle décide que les tribunaux ne sont compétents que dans le cas où une partie même de la propriété a été enlevée pour l'exécution des travaux. D'après elle, la distinction entre les différentes espèces de dommages, est contraire au texte formel de la loi du 28 pluviôse an VIII qui parle de torts et dommages sans distinction aucune, et de la loi de 1807 qui est le complément et en quelque sorte l'exécution de la première. Les lois de 1833 et 1841 n'ont enlevé à l'administration que les questions d'expropriation sans parler des dommages ; il en résulte qu'elle est encore compétente pour statuer sur les dommages, mais les dommages sont tout ce qui n'est pas dépossession réelle et matérielle ; l'autorité judiciaire n'a donc que le règlement des indemnités dues à raison de la perte réelle et matérielle de la propriété et non pas à raison d'aucune espèce de dommages.

Ce raisonnement repose tout entier sur une équivoque dans les termes, sur un abus d'interprétation, sur un détournement (qu'on me passe l'expression) des mots de leur véritable sens.

Dommages, dit-on, c'est tout ce qui ne consiste pas à prendre une partie déterminée d'un fonds immobilier. *Détériorer* le fonds d'une manière même permanente, ce n'est pas exproprier. Mais ne peut-on pas répondre, que par *dommage* il faut entendre, au contraire, tout ce qui n'altère en rien la qualité de propriétaire d'un fonds immobilier ? Me priver de la force motrice de mon usine ou m'enlever un are de terrain, n'est-ce pas la même chose? J'aimerais mieux qu'on me privât de la moitié du sol que je possède, que de me voir enlever l'eau qui vivifie mon domaine. Le dommage permanent altère donc la qualité de propriétaire; ce n'est plus un dommage, mais une véritable expropriation, et il faut appliquer à ce dommage les lois sur l'expropriation.

En fait, il est vrai que l'opinion du conseil d'État prévaut, parce qu'elle a passé dans les ordonnances de conflit, qui déterminent souverainement les attributions respectives des tribunaux et de l'administration. Mais ces décisions suprêmes n'interdisent la discussion qu'aux parties condamnées, et elles sont du ressort de la critique légale. D'ailleurs, dans une discussion théorique, on ne doit reconnaître d'autorité que celle des principes et de la loi.

Les auteurs qui ont écrit dans le sens du conseil sont: MM. Dufour, t. III, p. 287 et suiv.; Serrigny, t. I, p. 601, n° 587; Delalleau, p. 30, n° 42; Cormenin, t. II, p. 428; Gillon et Stourm, art. 1, p. 27 et art. 30, p. 114.

CHAPITRE III.

DE L'INTERPRÉTATION DES ACTES ADMINISTRATIFS.

Nous avons vu que si pour résoudre une question de propriété portée devant les tribunaux, il fallait recourir à l'interprétation d'un acte administratif, l'autorité administrative seule serait compétente pour donner cette interprétation. C'est ici le moment d'examiner de plus près cette matière.

Nous diviserons ce chapitre en deux sections; dans la première nous essayerons d'expliquer ce que l'on doit entendre par un *acte administratif;* car pour que l'interprétation de cet acte soit de la compétence administrative, il faut que l'acte qui y donne naissance soit aussi administratif. Dans la deuxième section nous donnerons les règles relatives à l'interprétation des actes administratifs.

SECTION PREMIÈRE.

Des actes administratifs.

Pour comprendre les choses, il faut être d'accord sur la signification des mots. Nous trouvons dans le corps du droit romain un chapitre intitulé *De verborum significatione.* C'était une sage précaution que le législateur de nos Codes français a négligée. L'enseignement et la doctrine y ont suppléé; mais il est facile de concevoir qu'il a dû y avoir diversité d'explication des mots usuels. Toutefois, comme notre législation a été puisée en grande partie dans l'ancien droit, que le droit civil avait déjà son langage propre et sanctionné par de graves autorités, la science et la jurisprudence ont été promptement d'accord.

En matière administrative, l'absence de toute explication des mots, d'un vocabulaire légal, occasionne de sérieuses difficultés. En législativant le droit administratif, en l'interprétant, en le traitant, en l'appliquant, les législateurs, le pouvoir exécutif, les tribunaux judiciaires, administratifs, les auteurs se sont-ils demandé ce que c'était qu'un acte administratif? La négative est certaine; aussi est-ce une cause de grandes incertitudes et une raison de chercher à en donner l'explication exacte; car dans plusieurs circonstances on a dénié aux tribunaux la connaissance de certains actes qui présentent l'apparence d'actes administratifs sans en avoir réellement le caractère. L'autorité administrative interprétera les actes qui émanent d'elles et seront reconnus être de véritables actes administratifs; les autres devront être soumis à l'autorité judiciaire.

Un acte administratif est un acte émanant du pouvoir qui administre; c'est un acte d'administration; en d'autres termes, c'est un arrêté, une décision de l'autorité administrative ou une action, un fait d'un administrâteur qui a rapport à ses fonctions.

J'en excepte donc déjà les actes législatifs et les actes du pouvoir exécutif pur ou gouvernemental.

Tout acte émané d'une autorité de l'ordre administratif n'est pas nécessairement un acte administratif. Il ne revêt ce caractère qu'autant qu'il se rapporte à un objet d'administration, d'intérêt général. Il y a donc une grande différence entre administrer et régir des biens et des droits particuliers. Les actes relatifs à la régie des biens ne sont pas des actes administratifs, quel que soit le fonctionnaire de qui ils émanent, et quelles que soient les formes qui les accompagnent. C'est par l'objet auquel ils se rattachent qu'il faut apprécier le caractère réel d'un acte administratif.

C'est bien pour répondre aux besoins des divers services publics dont elle est chargée, c'est bien comme moyen d'administration que l'autorité administrative a le pouvoir de contracter; mais envisagé dans son exercice, ce pouvoir ne se manifeste pas par des actes que leur nature et leur objet rendent propres à l'administration. Les contrats n'impliquent pas l'idée de commandement, d'autorité; ils ne procèdent pas d'un *pouvoir* dans l'acception que le droit public prête à ce mot. Qu'elle stipule ou qu'elle s'oblige, l'administration ne statue en aucune manière; l'acte produit n'a rien d'impératif, sa force obligatoire pour ou contre l'administration ne prend ni sa source ni sa garantie dans l'autorité propre à cette dernière; en un mot ce n'est pas un acte administratif dans son essence, c'est un acte de droit commun. L'administration tient des lois la capacité d'y recourir; mais pour sa réalisation, pour ses effets, il doit subir les conséquences de sa nature et tomber dans la compétence des tribunaux civils.

La jurisprudence est positive dans ce sens. Elle décide que les tribunaux doivent seuls connaître des contestations élevées sur la validité ou l'invalidité des adjudications des bois de l'État (voy. ordon. du 28 février 1828, Guisse), ou bien sur le prix, l'étendue et les effets desdites adjudications. Il faudrait une loi formelle pour en attribuer exclusivement la connaissance à l'autorité administrative. La jurisprudence se fonde également sur le silence de la loi pour déclarer que les questions relatives aux baux administratifs ne peuvent être résolues que par la juridiction ordinaire (18 décembre 1822, *Questel;* 23 juillet 1823, *Rénard*.—M. Dufour, t. I, p. 92, n° 97).

D'après ce simple aperçu nous voyons que pour qu'un acte administratif suffise pour dessaisir la justice ordinaire, la justice habituelle, il faut qu'il s'agisse d'un acte vraiment administratif, nécessité par un besoin d'administration, par un besoin d'intérêt général.

L'état propriétaire vend ses domaines, les échange, les loue, les partage; habituellement ces ventes, ces échanges, ces baux se font par forme d'adjudication publique, devant un fonctionnaire de l'ordre administratif; mais ces actes d'adjudication, ces baux, ces contrats d'échange ne sont pas, comme nous venons de le voir, des actes administratifs; l'intérêt général n'est nullement engagé dans la cause. Le fontionnaire a rempli les fonctions de notaire; il a reçu un acte ordinaire; mais il n'a pas fait un acte d'administration publique.

L'État a besoin de ma propriété pour un service d'utilité publique; je consens à une cession amiable; l'expropriation aura lieu par un acte en forme ordinaire passé devant notaire, ou, si l'on veut, au secrétariat de la préfecture et signé par le concessionnaire. Cet acte, parce qu'il sera passé dans la forme d'un acte administratif, sera-t-il réellement un acte administratif? Je n'hésite pas à répondre négativement et cela quoique l'État soit éminemment intéressé, puisqu'il s'agit de le rendre propriétaire ou de le dépouiller de sa propriété. Cet acte ne sera donc qu'un acte ordinaire, comme l'a du reste déclaré celui surtout qui voulait qu'on respectât jusqu'à l'ombre d'un acte administratif, Napoléon (dans une note de Schœnbrunn du 29 septembre 1809); cet acte sera justiciable des tribunaux.

Si l'on m'objectait que l'intérêt général est toujours engagé quand la contestation concerne l'État et que toute contestation judiciaire se résumant en une perte ou en un gain, en définitive le trésor éprouvera un avantage ou un déficit, ce qui devra rendre le litige administratif, je répondrais qu'alors toutes les questions de propriété concernant les biens de l'État devraient être portées devant les tribunaux administratifs, ce qui n'a jamais été soutenu.

On oppose à ces principes les lois de 1791 à 1802 qui attribuent le contentieux des domaines nationaux aux tribunaux administratifs. Mais ces lois ne sont qu'exceptionnelles, comme je l'ai déjà dit; elles ont été dictées par des motifs purement politiques et si l'on voulait comprendre tous les biens de l'État dans la désignation de *biens nationaux*, on arriverait encore à cette conséquence absurde que toutes les questions de propriété relative au patrimoine de l'État sont du domaine de l'autorité administrative. L'État a ses biens nationaux et ses biens patrimoniaux. La législation ancienne et exceptionnelle sera applicable aux premiers, jusqu'à ce qu'elle ait été modifiée; mais elle ne l'est pas aux biens patrimoniaux.

J'ai dit au titre de l'expropriation pour cause d'utilité publique que les tribunaux avaient le droit d'examiner si toutes les formalités préliminaires avaient été remplies. Cette attribution a donné lieu à de graves discussions. MM. Mauguin, Baude, Teste, dans un débat très-vif aux deux chambres, s'élevèrent avec énergie contre tout examen de l'instruction administrative qui ne devait, selon eux, appartenir qu'à l'autorité administrative. Mais à la chambre des pairs, les voix éloquentes des Portalis et des Tripier l'emportèrent; on accorda aux juges le droit d'examen.

D'ailleurs, l'expropriation s'opère par autorité de justice, porte la loi. Or, que deviendrait cette solennelle déclaration si les tribunaux ne devaient donner qu'une simple homologation? Je ne veux pas dire pour cela que le pouvoir judiciaire ait le droit de discuter la validité, la régularité, l'opportunité d'aucun des actes administratifs qui lui sont soumis; ce serait anéantir le principe si éminemment utile de la séparation des pouvoirs; je n'admets donc pas son contrôle sur les actes administratifs. Si ces actes sont viciés d'irrégularité, les parties intéressées ont le droit de les attaquer, et c'est au conseil d'État, seul tribunal administratif supérieur, à apprécier la régularité de l'acte. Mais les tribunaux ont le pouvoir d'examiner si toutes les formalités exigées par le législateur ont été remplies et de refuser l'expropriation s'il en manque une seule. Le jugement d'expropriation doit même contenir le visa de chacune des pièces qui témoignent de l'accomplissement de ces formalités, pour que la cour suprême soit également appelée à exercer le contrôle tutélaire de ses hautes lumières.

Ce n'est plus l'État qui est en cause, c'est une commune, un établissement public. Les actes intervenus seront-ils des actes d'intérêt général, des actes d'administration, des actes qui prendront naissance dans le sein du pouvoir exécutif? Non; à l'État seul se rattache l'intérêt général, sauf quelques exceptions; je l'ai dit en parlant des débats sur le fond de la propriété. Ces personnes morales possèdent des biens; elles en achètent, elles en vendent, elles passent des baux, etc.

Ces diverses conventions privées, pour la plus grande certitude d'une meilleure gestion, se font dans la forme d'un acte administratif, et même la plupart de ces conventions ne sont valables qu'autant qu'elles ont reçu l'homologation de l'autorité administrative, de même que le tuteur a besoin, dans certains cas, et de l'avis du conseil de famille, et de l'homologation du tribunal. Mais cette forme, cette homologation ne change pas la nature de la convention privée. Les actes administratifs en la forme ne sont au fond que des actes de tutelle ordinaire. L'acte protégé par les lois sur la séparation des pouvoirs ne puise pas sa qualification dans la qualité de celui qui le reçoit, mais dans la nature de la matière qu'il concerne.

Nous allons donner différents exemples de conventions ou d'actes qui tous sont attribués à l'autorité judiciaire et qu'on pourrait, en n'y réfléchissant pas, porter devant l'autorité administrative :

1° Les contestations entre les propriétaires d'usines ou autres riverains d'un cours d'eau sur l'appréciation des titres et conventions qui règlent et déterminent leurs droits respectifs (23 avril 1807, *Diègo-Dittner;* 30 juin 1813, *Plan de Sieyes;* 11 juin 1817, *Borin* contre *Marthonie;* 23 avril 1818, *Aubry* contre *Boissy;* 24 mars 1820, *Boyer* contre *Comm. du Cheval-Blanc;* 22 décembre 1824, *Sallé;* 28 février 1828, *Jars* contre *Tenneguy.* — Cour de cass., 26 avril 1837, *L'huillier* contre *Lequen;* 2 juillet 1839, *Levasseur* contre *Radepont ;* 20 janvier 1840, *Garraud* contre *Chambonneau.* — Daviel, t. II, p. 587, n° 991 ; Chevalier, t. I, p. 308, 322 et 335).

2° Lorsque l'État possède des biens indivis avec des particuliers ou des personnes morales, le partage peut être toujours provoqué par l'un ou l'autre des communistes. L'autorité judiciaire est seule compétente, soit qu'il s'agisse de procéder aux opérations du partage, soit qu'il s'élève des contestations sur l'interprétation ou les effets de l'acte de partage, fait à l'amiable ou judiciairement. Il faudrait une loi pour attribuer compétence à l'autorité administrative (voy. l'ordonnance réglementaire du Code forestier du 1er août 1827, art. 149).

3° Les baux passés au nom de l'État sont des conventions privées; c'est donc, comme nous l'avons vu, à l'autorité judiciaire qu'appartiennent les discussions sur leur interprétation (11 janvier 1808, *Willerich* contre le *Domaine;* 6 mars 1816, *Faivre;* 25 février 1818, *Bour et Lamy* contre l'*Administration des domaines;* 20 novembre 1840, *Michel* contre le *Ministre de la marine.* — Macarel et Boulatignier, *Fortune publique*, t. I, p. 192, n° 78; Serrigny, t. II, p. 186, n° 808; Laferrière, p. 147).

Les tribunaux sont encore appelés à juger :

4° Les discussions entre les membres d'une association d'arrosants, sur l'interprétation ou l'exécution de l'acte de société (6 février 1822, *Loubier* contre *Pascalis*).

5° Les questions de baux emphytéotiques ou tous autres baux passés par toute espèce de personnes (23 novembre 1808, *Orcel;* 1er mai 1822, *Genty* contre le *Domaine;* 26 juillet 1837, *Austruy* contre *Dassier*).

Il appartient encore aux tribunaux de statuer :

6° Sur des aliénations faites par un accusé non encore déclaré en état de contumace, bien que ces aliénations puissent tourner au préjudice du fisc (10 mars 1807, *Vanhorsigh*).

7° Sur les difficultés relatives à l'interprétation d'une vente faite par un émigré avant la confiscation de ses biens faite par la nation (24 décembre 1810, *Tripier* contre *d'Orléans;* 17 avril 1822, *Lafagerdye* contre *Dupont.* — Macarel, *Jurisprudence administrative*, t. I, p. 317, n°s 5 et 6).

8° Sur l'interprétation des ventes, échanges, transactions, cessions, etc...., consentis au nom des communes (18 avril

1816, *Caillery* contre *Comm. de Luzy;* 3 décembre 1828, *Bourla* contre la *Ville de Paris;* 19 août 1835, *Dourthe* contre *Turpin*).

9° Sur l'interprétation des mêmes actes consentis au nom des hospices, fabriques et autres établissements publics (21 juin 1812, *Hospices de Turin* contre *Lautard*).

Maintenant donnons quelques exemples d'actes administratifs dont l'interprétation et l'explication appartient à l'autorité administrative.

1° Des décrets et ordonnances ont fait la remise à des communes, à des fabriques, à des établissements publics de telle nature de biens. Pour ces personnes morales, le droit à la propriété de ces biens découle des actes administratifs qui sont intervenus en exécution de ces décrets. L'explication et l'interprétation de ces actes appartient à l'administration (8 juillet 1818, *Paroisse Saint-Patrice;* 26 décembre 1827, *Fabrique Saint-Vincent* contre celle de *Saint-Patrice;* 2 juillet 1828, *Bascher-Lenfant* contre *Comm. de Chapelle-Basse-Mer*. — Serrigny, t. I, p. 270, n° 255, 1°).

La jurisprudence du conseil d'État va même plus loin. Elle attribue compétence à l'autorité administrative pour connaître de toute question qui ne peut être résolue que par l'interprétation de ces décrets et ordonnances (19 décembre 1821, *Levezon-Vésins* contre la *Fabrique d'Ayrignac;* 31 janvier 1838, *Comm. de Bray-en-Cinglais* contre la *Fabrique de Fontaine-le-Pin*. — Cormenin, t. II, p. 237).

Mais cette jurisprudence est-elle conforme aux principes? Sans doute, lorsqu'il s'agit d'interpréter un acte particulier du pouvoir exécutif ordonnant la remise spéciale d'un bien, l'on conçoit que l'autorité administrative soit seule compétente. Mais lorsqu'il n'est question que d'appliquer ou d'interpréter une loi générale, pourquoi les tribunaux ne seraient-ils pas compétents? Le conseil d'État donne la qualification d'actes administratifs aux décrets et ordonnances dont j'ai parlé, tandis que ce sont de véritables actes législatifs que les tribunaux peuvent parfaitement interpréter comme toutes autres lois (Cour de cass., 6 décembre 1836, *de Galard* contre *Comm. de Téraube*.—Journal des conseillers municipaux, t. VI, p. 159, note 1).

2° La loi du 16 vendémiaire an V, art. 6, dispose que les biens des hospices qui ont été aliénés, seront remplacés en biens nationaux du même produit. L'interprétation des actes administratifs qui concèdent des biens à des hospices en vertu de cette loi, doit être demandée à l'autorité administrative (30 avril 1828, *Baudenet;* 8 juin 1842, *Hospices de Cherbourg*).

3° Le décret du 11 décembre 1808 attribue à l'université les biens ayant appartenu aux anciennes universités, académies et colléges. L'appréciation du sens et des effets des arrêtés spéciaux rendus en exécution de ce décret appartient à l'autorité administrative (18 décembre 1822, *Ville de Dijon* contre l'*Université;* 24 janvier 1827, *Comm. de Valence* contre l'*Université*).

4° L'autorité administrative a seule le droit d'accorder des autorisations de constructions d'usines, de faire des règlements d'eau. Toute difficulté sur l'étendue de la concession, sur les termes du règlement doit lui être soumise. Ainsi, lorsqu'une demande en indemnité pour la réduction de la force motrice d'une usine est fondée sur un titre de concession, et qu'il s'élève des difficultés sur l'existence ou l'interprétation de cet acte, l'autorité administrative peut seule donner cette interprétation et décider si l'usine est ou non fondée en titre (17 mai 1837, *Majouvel et Labétérie;* 27 mars 1839, *Préfet de Tarn-et-Garonne* contre les *Propriétaires du moulin d'Albaredès;* 4 juillet 1840, *Héritiers Gerspach et Krafft;* 9 décembre 1842, *de Tauriac, de Lostanges et Roques*).

5° Les concessions de mines, de desséchement de marais

et autres concessions sont de véritables actes administratifs qui doivent être expliqués et interprétés par l'autorité administrative. Mais les tribunaux civils n'excèderaient pas leur compétence, s'ils déterminaient les droits des concessionnaires résultant des conventions privées, lorsque l'acte de concession n'a rien préjugé sur ces droits. Par exemple, lorsque la concession a été faite en faveur des ayant-droit d'une compagnie, les tribunaux sont compétents pour déclarer quels sont ces ayant-droit et par conséquent quels sont ceux qui, par suite des traités qu'ils ont passés avec la compagnie, doivent être reconnus comme étant en son lieu et place, et à ce titre propriétaires de la concession (25 avril 1842, *Héritiers Combettes-Deslandes* contre *Compagnie Balsa*).

Et une foule d'autres exemples qu'il est inutile d'énumérer; car le mot *acte administratif* est suffisamment compris.

SECTION II.

Interprétation, explication, appréciation et application des actes administratifs.

Les actes administratifs étant caractérisés, voyons quelles difficultés peut faire naître leur interprétation, ou, ce qui revient au même, leur explication.

Et d'abord il est évident que c'est seulement aux droits immobiliers *acquis* résultant des actes administratifs que cette interprétation doit s'attacher.

On ne découvre ni dans la loi du 16-24 août 1790, ni dans le décret infiniment plus précis du 16 fructidor an III, ni dans les lois spéciales attributives de juridiction à l'autorité administrative aucune disposition qui lui réserve expressément l'interprétation des actes administratifs. Je ne sais même pas jusqu'à quel point le seul danger d'en voir abuser pour modifier et infirmer ces actes au mépris de la *défense faite aux tribunaux de connaître des actes administratifs de quelque espèce qu'ils soient*, a pu la faire considérer comme interdite à ces tribunaux. Cependant la jurisprudence du conseil d'État a érigé cette interdiction en règle positive par des décisions si nombreuses, et la Cour de cassation elle-même se montre si soumise à son empire, que notre intention, en remontant à son origine, n'est pas d'en contester l'application, mais seulement de la restreindre dans ses justes limites.

Pour préciser le sens du mot *interprétation* il nous suffira de reproduire une partie des considérants d'un arrêt de la Cour de cassation du 13 mai 1844 : « S'il importe à l'ordre « public, y est-il dit, de maintenir le principe fondamental du « droit actuel sur la distinction entre les fonctions judiciaires « et les fonctions administratives, il n'est pas moins essen-« tiel, dans l'intérêt de ce même ordre public, que les lois qui « ont établi cette distinction soient sainement entendues.

« .... La seule conséquence qui résulte de ces lois, est que « les cours et les tribunaux sont dans la double impuissance « d'exercer les fonctions administratives et de soumettre les « actes de l'administration à leur censure, en les modifiant, « infirmant, en arrêtant ou suspendant leur exécution ; mais « que si un acte administratif attribue à quelqu'un la pro-« priété d'un objet, les cours et les tribunaux, juges exclu-« sifs de toutes les questions qui dérivent du droit de pro-« priété, doivent nécessairement prendre connaissance de cet « acte, pour lui appliquer les principes de la législation com-« mune, sous la condition de n'y point porter atteinte.

« On ne peut, sans abuser des termes des lois précitées, « soutenir qu'il y ait nécessité pour les juges de renvoyer la « cause devant l'autorité administrative, aussitôt que l'une « des parties prétend trouver des doutes et matière à inter-« prétation dans l'acte administratif invoqué par l'autre ; ce « serait en effet laisser à la discrétion d'un plaideur téméraire

« le droit de suspendre le cours de la justice, en élevant des « doutes contre l'évidence, en soutenant qu'il est nécessaire « d'interpréter ce qui ne présente ni équivoque, ni obscurité; « au contraire, et par la nature des choses, et par celle de « leurs devoirs, les cours et tribunaux doivent examiner, « si, oui ou non, l'acte produit devant eux attribue les droits « réclamés; ils doivent, en cas de doute, renvoyer à l'auto- « rité administrative; si, au contraire, l'acte leur paraît « n'offrir ni équivoque, ni obscurité, ni doute sur le fait qu'il « déclare ou sur la propriété qu'il attribue, ils doivent, sauf « le cas de conflit légalement élevé, retenir la cause et la « juger. »

Ainsi, en supposant qu'une question de propriété portée devant les tribunaux soit subordonnée à l'interprétation d'un acte administratif, les tribunaux doivent renvoyer cette interprétation devant l'autorité administrative; mais l'application de l'acte est distincte de l'interprétation; cette dernière doit être seule réservée à l'administration.

La même doctrine a lieu pour ce qui concerne l'appréciation des actes administratifs. La Cour de cassation l'a positivement exprimé dans un arrêt du 26 février 1834 dont l'un des motifs est conçu en ces termes : « S'il est vrai, en règle géné- « rale, que quand les parties ne sont pas d'accord sur la ré- « gularité, le sens et la portée d'un acte administratif, les tri- « bunaux doivent surseoir à prononcer jusqu'à ce que l'au- « torité administrative ait expliqué cet acte, cette règle doit « souffrir et souffre exception, lorsque la régularité, le sens « et la portée de l'acte sont manifestes. S'il en était autre- « ment, il pourrait dépendre d'une partie de paralyser entière- « ment le pouvoir et le devoir qu'ont les tribunaux d'appliquer « les actes administratifs qui leur sont présentés, lorsque « cette application ne nécessite pas l'interprétation préa- « lable dudit acte. » (Voy. en sens contraire M. Chauveau (Adolphe), t. I, p. 127, n° 454.)

Si l'examen des actes administratifs ne suffit pas pour résoudre la difficulté et qu'il faille se livrer à l'appréciation des titres de propriété privée ou d'autres moyens du droit commun, les tribunaux sont seuls compétents pour prononcer. Ils ne sont obligés de s'arrêter que là où il devient nécessaire d'interpréter des actes administratifs ou de déclarer le sens et la régularité de ces actes.

Si l'acte administratif est tellement obscur qu'il soit impossible à l'autorité administrative de l'interpréter, l'interprétation se fait alors par les moyens de droit civil et appartient aux tribunaux.

Si le jugement de la contestation dépend à la fois de l'examen d'actes administratifs et de l'appréciation d'anciens titres ou de moyens de droit commun, il y a division de compétence : l'autorité administrative prononce sur le premier point et l'autorité judiciaire sur le second (11 juin 1828, *Ville de Dijon* contre l'*Université*).

L'interprétation des actes administratifs est toujours subordonnée aux moyens de droit commun. Ainsi elle ne préjugera en rien la question de prescription, je suppose, qui est un moyen du droit civil et qui pourra rendre inefficace la décision rendue par l'administration sur le sens et la portée d'un de ses actes.

Quand le sens d'un acte administratif a donné lieu à une interprétation sur laquelle il est intervenu un arrêté du conseil de préfecture qui déclare que l'acte est clair et précis, et qu'il n'appartient qu'aux tribunaux de prononcer sur la question de propriété qui divise les parties, les tribunaux saisis plus tard d'une contestation entre les mêmes parties sur le même point, peuvent encore considérer cet acte comme obscur et renvoyer les parties devant l'autorité administrative pour le faire interpréter. C'est ce qui a été jugé par la Cour de cassation le 22 novembre 1837 (Sirey, t. XXXVIII, 1, 180).

Le débat élevé sur l'interprétation d'un acte administratif

produira-t-il une discussion administrative contentieuse, ou bien sera-ce le pouvoir gracieux qui prononcera?

Il faut distinguer :

S'il s'agit d'un acte administratif contentieux par sa nature, il est hors de doute qu'il devra donner lieu à une discussion contentieuse.

Que si, au contraire, l'acte administratif émane du pouvoir gracieux, son interprétation et son explication devront être considérées comme gracieuses ou contentieuses, selon qu'elles seront de nature à froisser de simples intérêts ou à léser des droits ou des droits acquis.

L'autorité administrative ne cessera pas d'être compétente par cela seul que l'acte administratif sera plus ou moins irrégulier en la forme; par exemple, s'il n'a été délivré que sur une feuille volante, ou même s'il n'a été donné que de vive voix.

Si les parties veulent faire réformer un acte administratif, elles doivent s'adresser à l'autorité administrative. Jusqu'à cette réformation, les tribunaux doivent appliquer l'acte, alors même qu'il serait déjà l'objet d'un pourvoi devant l'autorité administrative (Cour de cass., 24 décembre 1838, *Rignon* contre *Martin-Compian*).

1re *Remarque*. Quand pour la solution d'une question de propriété, il faut recourir à l'interprétation administrative d'un acte administratif et que cette solution dépend entièrement de cette interprétation, il est évident que c'est plutôt par respect pour les principes relatifs à la propriété que par nécessité que l'affaire est renvoyée devant les tribunaux qui statuent sur le fond. En effet, les tribunaux ne sont plus ici que les interprètes de la volonté et de la décision administrative, et l'on pourrait presque dire que la question de propriété est plutôt administrative que judiciaire, ce qui en droit n'existe pas, mais en fait existe réellement.

2e *Remarque*. Les règles relatives à l'interprétation des

actes judiciaires sont à peu près semblables à celles qui concernent l'interprétation des actes administratifs. L'autorité administrative ne peut connaître de cette interprétation et doit la renvoyer devant les tribunaux.

CHAPITRE IV.

DÉCLASSEMENT OU MATIÈRES JUDICIAIRES QUI ONT ÉTÉ DÉCLARÉES ADMINISTRATIVES.

J'ai dit que les tribunaux civils étaient juges de toutes les questions de propriété, à moins d'une loi formelle qui en aurait attribué la connaissance exceptionnellement à l'autorité administrative. C'est le moment de faire connaître les exceptions aux principes que nous avons établis:

J'ai dit aussi que lorsqu'une question de propriété était subordonnée à l'interprétation d'un titre privé, et non à l'interprétation d'un acte administratif, l'autorité judiciaire était seule compétente pour interpréter ce titre. Dans les déclassements que nous allons examiner, je devrai donc aussi traiter des questions d'interprétation qui, quoique de nature judiciaire, ont été attribuées à l'autorité administrative.

SECTION PREMIÈRE.

Biens nationaux.

Voyez pour cette matière : M. Cormenin, *Questions de droit administratif*, au mot *Biens nationaux;* Laferrière, p. 123, et *Revue de législation*, p. 10, mars 1845; Dufour, p. 73, t. I; Chauveau (Adolphe), p. 221, t. I, etc.

La vente des domaines nationaux a été une opération hardie dans sa cause et gigantesque par ses effets; c'était toute une révolution. On sapait par sa base l'antique principe de l'inaliénabilité du domaine et l'on substituait le mouvement à l'immobilité; on anéantissait l'indépendance du clergé en lui ôtant ses biens, et en le faisant de maître serviteur, de propriétaire gagiste; on battait monnaie d'assignats pour éteindre la dette de l'État; on pourvoyait aux dépenses extérieures et intérieures toujours croissantes; on divisait les héritages pour attacher de nouveaux citoyens au nouveau régime, par les liens de la propriété; on doublait les produits de l'agriculture par la fécondation plus active et plus travaillée des terres de main-morte (Cormenin, t. 1, *Introduction*).

C'étaient là des pensées toutes politiques. La révolution se servit de son instrument habituel, et les administrations locales devinrent les expéditionnaires omnipotents, les notaires hâtifs de ces innombrables contrats.

Le gouffre ouvert, on y jeta les biens de l'Église, ceux des émigrés et d'autres dont la révolution avait besoin.

De là surgit un immense contentieux; contentieux sur la forme extérieure des actes, contentieux sur l'interprétation de leurs clauses, contentieux sur la validité des adjudications, contentieux sur l'admission et le décompte des valeurs de paiement.

La Convention qui ne souffrait aucun retard, aucune objection, cassait les sentences des tribunaux assez mal avisés pour regarder dans ces contrats, et elle mandait les juges à sa barre. Napoléon, dans son conseil d'État, en fit autant. Toutes les constitutions, celle de l'an III, celle de l'an VIII et celle de 1814, eurent des articles exprès pour le maintien de ces ventes. Les contestations qui pouvaient s'élever à leur sujet furent placées dans les attributions de l'autorité administrative à l'exclusion des tribunaux (loi du 1er fructidor an III; loi du 29 vendémiaire an IV; arrêté du 2 nivôse an VI, *Bulletin*, n° 1625). La loi du 28 pluviôse an VIII, qui a organisé les conseils de préfecture, les a investis du droit de prononcer sur le contentieux des domaines nationaux (art. 4, § *ult.*).

On a choisi les conseils de préfecture et non le conseil d'État, parce que les adjudications de biens nationaux n'avaient pas été faites directement par le gouvernement lui-même, mais par les agents de l'administration locale. Il a semblé naturel de donner le contentieux à un corps administratif placé, dans les départements, sur la même ligne que les agents qui avaient fait les ventes. Les conseils de préfecture étant une émanation des administrations départementales qui avaient fait procéder à l'adjudication de ces biens, devaient hériter du pouvoir de statuer sur le contentieux des actes faits par les administrations centrales.

Les attributions données aux conseils de préfecture sont exceptionnelles et exorbitantes du droit commun, et le législateur en les édictant, dérogeait aux principes du droit civil sur les effets du contrat de vente. Suivant le droit civil, celui qui veut la chose d'autrui n'en transfère pas la propriété à l'acheteur, et le véritable propriétaire est admis à revendiquer la chose entre les mains du nouveau détenteur, tant qu'elle n'a pas été prescrite. Les constitutions du 5 fructidor an III, art. 374, et celle du 22 frimaire an VIII, art. 94, contenaient à cet égard une disposition conçue en ces termes : « La nation française déclare qu'après une vente « légalement consommée de biens nationaux, quelle qu'en « soit l'origine, l'acquéreur légitime ne peut en être dépos- « sédé, sauf aux tiers réclamants, à être, s'il y a lieu, in- « demnisés par le trésor public. » (Voy. une disposition semblable dans la loi 3, *Code de quadr. Prescript. et Institut. de Usucapio*, § *ult.*)

En outre, suivant les principes de la séparation des pouvoirs, les contrats de l'administration tombent dans le domaine des tribunaux; nous avons eu occasion d'examiner cette question. Mais ici l'interprétation et les questions relatives à la validité des actes d'adjudication appartiennent par exception aux conseils de préfecture. On a supposé que le procès-verbal ou le contrat de vente nationale constituait un acte administratif, et on en a conclu que les tribunaux ne pouvaient connaître des questions relatives à sa régularité, à sa portée, à son sens et à ses effets, sans méconnaître le principe de la séparation des pouvoirs, ce qui est un raisonnement éminemment faux, qui ne repose que sur une confusion entre la forme et l'essence des actes. Ces attributions sont donc exceptionnelles et ne doivent être applicables qu'aux biens nationaux et non aux biens patrimoniaux de l'État.

Les principaux motifs de la juridiction administrative en matière de biens nationaux ont été notamment :

1° De placer la vente des biens nationaux sous la tutelle politique du gouvernement lui-même, tutelle plus active, plus uniforme, plus forte et plus rassurante pour les acquéreurs que celle des tribunaux.

2° De ne pas laisser ces sortes de contestations s'agiter entre les acquéreurs et les émigrés avec scandale et fureur, peut-être, devant le public et parmi les solennités des audiences judiciaires.

A la vérité, ce sont les lois de la révolution qui ont institué dans cette matière une juridiction spéciale. Mais le roi lui-même en a reconnu la nécessité ; car cette nécessité est celle des choses qui domine de sa force insurmontable les gouvernements légitimes comme les gouvernements de fait.

3° L'irrégularité des contrats de vente a été aussi un des motifs déterminants de l'attribution, non que le vice des contrats puisse changer la compétence des juges, mais parce que cette irrégularité a été si étrange et si commune dans le tumulte de la révolution, que les tribunaux, avec les règles inflexibles de leur justice distributive, auraient annulé la plupart de ces actes informes.

4° De plus, les tribunaux n'appliquent de droit et d'habitude que les lois civiles. Ils n'ont pas la même intelligence des lois politiques.

5° Les tribunaux, les cours royales mêmes n'auraient pas été placés dans une région assez haute pour échapper aux influences de localité plus dangereuses ici qu'en toute autre matière.

Il se serait établi devant eux des jurisprudences diverses qui auraient ébranlé par leur contrariété la solidité des ventes nationales, la confiance des acquéreurs dans le gouvernement du roi et par conséquent la paix publique.

Les discussions dans la chaleur des plaidoiries auraient dégénéré bientôt, par l'animosité des parties, en récriminations personnelles, et les tribunaux auraient été convertis en une arène où toutes les passions politiques seraient venues se provoquer et se combattre.

Tous les bons esprits sentiront qu'il valait mieux que les difficultés sur ces ventes se consommassent dans les débats d'une procédure administrative. Le conseil d'État, unique Cour d'appel dans cette matière, réprime à la fois les empiétements des tribunaux par la voie indirecte du conflit, et ceux des conseils de préfecture sur la plainte des parties lésées, par la voie de l'appel et de l'annulation directe de leurs arrêtés.

6° J'ajoute que parmi le silence, le désordre et la contradiction perpétuelle des lois de cette matière, le conseil d'État s'était fait, dès le commencement, et de nécessité, une sorte de juridiction orale et de tradition que les tribunaux auraient ignorée.

7° Enfin, il existait une suite constante de décrets non insérés au *Bulletin des lois,* mais n'en ayant pas moins la force d'actes législatifs, qui avaient depuis longtemps fondé une multitude de droits acquis, et qui sont enfermés dans les archives que l'administration n'aurait pas ouvertes aux réquisitions des tribunaux.

Mais s'il y a nécessité à ce que l'administration garde ses attributions, il y a aussi nécessité à ce qu'elle n'envahisse pas la juridiction des tribunaux.

Déterminons donc avec précision la juste et actuelle portée de la disposition de la loi du 28 pluviôse an VIII, qui appelle les conseils de préfecture à statuer sur le contentieux des domaines nationaux.

Depuis la Charte de 1814, qui a déclaré toutes les propriétés inviolables, l'attribution de l'administration relativement aux questions de propriété des biens vendus par l'État et revendiqués par des tiers, a cessé d'exister. Ces sortes de questions sont retombées dans le domaine des tribunaux (ordonnance du 27 février 1835, *Ministre des finances*).

Restent donc les autres attributions de l'autorité administrative conférées par la loi de l'an VIII, c'est-à-dire les questions relatives à la validité et à l'interprétation des contrats d'adjudication.

Cette compétence de l'autorité administrative, ainsi que nous l'avons vu, n'est point fondée sur une disposition expresse et dérogatoire au droit commun; elle a sa source dans la séparation des pouvoirs administratif et judiciaire. La contestation n'est du ressort de l'autorité administrative qu'autant qu'elle est dirigée contre un contrat de vente, auquel on prête les caractères d'un acte administratif proprement dit, et soulève par suite une question du contentieux administratif. C'est à ce principe, quelle que soit la fausseté de son point de départ, qu'il faut se reporter pour distinguer les questions réservées aux conseils de préfecture, les documents dans lesquels il leur est permis de puiser les éléments de leurs décisions, et enfin les moyens d'instruction mis à leur disposition.

Il faut encore faire une remarque importante, c'est que, quand le motif politique et déterminant de cette attribution n'a plus d'application possible, quand les questions doivent se résoudre par les titres anciens, les moyens, les preuves du droit commun, l'attribution cesse, les difficultés et les litiges retournent à la juridiction des tribunaux civils; nous reviendrons souvent sur ce principe.

1° Les questions de validité se présentent au premier rang, parmi celles qui doivent être soumises au conseil de préfecture. Les contestations qui ont trait à la régularité des actes, à leur sincérité, à la qualité des fonctionnaires qui les ont produits, sont en effet celles qu'il importe le plus de soustraire à l'examen des tribunaux, pour préserver l'action administrative de toute entrave. Dans ces sortes de difficultés, les documents et autres moyens de preuve propres à fournir les éléments de la décision, émanent de l'administration; le litige, par conséquent, est toujours tranché d'une manière définitive devant le juge administratif

Un procès-verbal de vente nationale fait foi jusqu'à inscription de faux. — Nulle preuve n'est admise outre et contre le contenu au procès-verbal. Les irrégularités dont les procès-verbaux peuvent être atteints ne sont point des nullités; il suffit qu'il y ait preuve de ce qui constitue la substance de la vente; les vices qui ne peuvent être imputés à l'adjudicataire ne peuvent lui préjudicier.

2° Viennent ensuite les questions d'interprétation, soit qu'il s'agisse de fixer le sens de l'une des clauses insérées dans l'acte d'adjudication, soit qu'il s'agisse de déterminer exactement les objets compris dans la vente. Ces questions ne se lient jamais qu'à un examen de titre, et conséquemment elles ne sauraient surgir dans les litiges qui ont pour objet la possession. Toutes les actions possessoires et celles en restitution de fruits se trouvent ainsi rejetées en dehors de la compétence de l'administration.

Bien que l'interprétation ne soit pas l'objet principal du procès et qu'elle ne se présente qu'incidemment, il doit y être fait droit avant tout. Si donc l'autorité judiciaire est saisie d'une question de propriété où se présente la question incidente de l'interprétation, il doit être sursis au jugement sur le fond jusqu'à ce que l'interprétation ait été donnée par l'autorité administrative.

Nous avons vu que cette juridiction n'a point sa source dans la nature des biens qui donnent lieu au procès, non plus que dans la nature des droits en contestation. On est parti de l'idée que les contrats d'adjudication constituaient des actes administratifs, et l'on n'a entendu interdire aux tribunaux la connaissance de contestations en matière de domaines nationaux que dans leur rapport avec ces actes. Les conséquences de cette doctrine sont simples ; les conseils de préfecture auront seulement certains moyens d'interprétation qui leur seront propres ; les autres seront de la compétence des tribunaux.

Parmi les moyens propres aux conseils de préfecture, les uns sont l'examen et l'interprétation des actes qui ont préparé et consommé la vente (10 août 1813; 19 août 1813; 11 septembre 1813; 14 mai 1817 et autres). Les autres sont la forme distinctive des ventes, soit en bloc, soit en détail, soit à la mesure; d'autres, enfin, se déterminent par les règles des confins.

Ces différents moyens peuvent se classer ainsi qu'il suit :

Des actes qui ont préparé et consommé la vente. Les actes qui ont préparé la vente sont : les affiches, les soumissions, les plans, les procès-verbaux de description et d'estimation, les cahiers des charges, les actes de réception de premières enchères ; les arrêtés interlocutoires des directoires du district et des administrations départementales qui ont ordonné des expertises ou ceux qui ont prescrit contradictoirement avec les agents du domaine de retrancher ou d'ajouter quelques objets dans la mise en vente.

Les actes qui ont consommé la vente sont, pour les ventes sur soumissions, les contrats dressés entre le soumissionnaire et l'État, et pour les ventes sur enchères, les procès-verbaux d'adjudication.

C'est dans le rapprochement et la combinaison de ces actes que les conseils de préfecture doivent puiser les motifs de leur déclaration. Ils doivent moins s'attacher aux actes qui ont préparé la vente qu'à ceux qui l'ont consommée; car ces derniers ont scellé le contrat et font la loi obligatoire du domaine et des acquéreurs.

Du mode distinctif des ventes. Si un domaine a été vendu avec ses *aisances, circonstances et dépendances* et *tel qu'il se poursuit et comporte,* sans autre désignation, le conseil de préfecture ne doit pas déclarer que l'objet litigieux a été ou non vendu, parce qu'il sortirait des termes généraux de l'adjudication, pour recourir à l'application des baux et des titres anciens; il doit se borner à dire que le domaine a été aliéné avec ses aisances, circonstances, dépendances, et renvoyer les parties devant les tribunaux sur la question de savoir si l'objet réclamé était, lors de la vente, au nombre des dépendances dudit domaine (18 avril 1821).

La vente en bloc d'un domaine comprend tout ce qui est contenu dans le domaine; la vente en détail ne s'applique qu'aux objets spécifiés; la vente à la mesure, c'est-à-dire à *tant* la mesure, s'applique à la quantité de terre comprise dans la mesure énoncée.

Des servitudes. Les règles d'interprétation sur les servitudes de puisage, de passage, de vue, de mitoyenneté et autres sont clairs. L'État vend ses biens tels qu'ils sont, avec les servitudes actives et passives, sans garanties. Ainsi, en thèse générale, si une servitude est réclamée par un acquéreur ou contre lui, c'est aux tribunaux à juger cette réclamation d'après les titres anciens ou la possession (13 août 1811; 15 juin 1812; 17 janvier 1814; 7 mars 1821).

Néanmoins, l'adjudication peut, par une clause directe et spéciale, imposer une servitude à un acquéreur ou l'en décharger, comme si on avait réservé un passage à travers un domaine vendu au profit d'une commune; mais même dans ce cas, les conseils de préfecture doivent se borner à donner une simple déclaration de ce qui a été prévu et stipulé dans la vente, et ne pas aller au delà.

Des confins. La règle la plus sûre et la plus généralement admise par la jurisprudence pour découvrir si l'objet réclamé a été ou non vendu, est de voir si l'objet est renfermé dans les confins assignés à la vente.

L'examen des conseils de préfecture ne peut-il s'étendre aux baux dont les biens vendus ont pu être l'objet antérieurement à la vente? La jurisprudence admet positivement que dès que l'acte d'adjudication se réfère à un bail pour l'indication des objets vendus, *ce bail se trouvant former un des éléments de l'acte de vente*, il est loisible au juge administratif d'y puiser ses moyens d'interprétation. (Voy. ordonnance du 12 juin 1835, *Archambault*.)

Au premier coup d'œil, cette doctrine semble reposer sur une raison solide; en réalité cependant elle est peu conciliable avec le principe de l'attribution conférée à l'autorité administrative. Le conseil de préfecture n'a mission que d'interpréter les actes qu'on a cru devoir soustraire à l'interprétation des tribunaux pour les empêcher de contrôler les opérations effectuées à la diligence et par les soins de l'administration, et leur compétence est si rigoureusement restreinte à l'examen des actes relatifs à ces opérations, qu'ils doivent réserver aux tribunaux les moyens étrangers à ces actes. Or, la circonstance que l'acte de vente qui est seul émané de l'administration, se réfère à un bail, ne change pas la nature de ce bail et n'en fait pas un acte dont l'explication doive désormais appartenir au juge administratif. Pourquoi donc n'en pas laisser l'interprétation au tribunal civil, comme on le ferait dans l'absence de toute mention dans le procès-verbal. (Voy. en sens contraire Cormenin, *Question de droit administratif*, au mot *Biens nationaux*). Mon opinion est soutenue par M. Dufour (t. III, p. 80.)

La mission des conseils de préfecture n'étant que de préserver les actes d'adjudication du contrôle des tribunaux, il n'ont à se préoccuper que de leur contexte. Ce n'est point un litige qu'ils sont appelés à trancher. On ne leur demande que d'apprécier la régularité et de préciser le sens d'un document dans son rapport avec l'objet d'un débat du ressort d'une autre juridiction. A la différence de ce qui a lieu pour les procès qu'il leur appartient de trancher, il est de leur devoir de s'interdire de tout moyen auxiliaire d'interprétation, tels que les enquêtes, les visites de lieux, les plans, les usages locaux et les expertises. Le motif qui veut qu'il n'appartienne qu'aux tribunaux de statuer d'après les titres et moyens du droit commun, commande de leur laisser le soin de recourir à ces mesures d'instruction, pour confirmer ou compléter les éléments de décision que fournissent les actes de vente. (Voy. en sens contraire Cormenin.)

Nous avons parlé des questions de bornage relatives aux biens nationaux ; nous n'y reviendrons pas.

Quelque nette et quelque positive que soit la déclaration du conseil de préfecture, elle demeure toujours subordonnée, dans sa portée et dans ses effets, à l'appréciation de la demande dans ses rapports avec les titres privés et les règles du droit commun ; c'est ce que nous avons déjà eu l'occasion de dire. Expliquons-nous encore sur ce principe qui est important, et cela sans craindre de tomber dans des redites.

La partie qui a triomphé par suite de l'interprétation donnée par le conseil de préfecture ne retire pas de l'autorité de la chose jugée la protection invincible que lui procurerait la décision d'un tribunal civil. La partie qui a succombé a le droit de faire valoir devant les tribunaux les titres privés, tels que cessions et transactions, et les moyens et exceptions de droit commun, tels que la prescription, et peut obtenir, en vertu de ces titres et moyens, une décision qui, sans atteindre directement, ni modifier en aucune manière la déclaration émanée du juge administratif, la frappera néanmoins d'une complète stérilité, en ne lui laissant nul effet possible. C'est ce qui arriverait, par exemple, si le demandeur déclaré propriétaire de l'héritage litigieux, par l'application des contrats d'adjudication, succombait ensuite devant le juge civil sur la question de prescription trentenaire (ordonnance du 21 décembre 1837, *Comm. de Pimprez*).

Lorsque les moyens d'interprétation laissés au conseil de préfecture sont insuffisants pour l'éclairer, et qu'il est obligé de renvoyer aux tribunaux civils pour statuer sur les titres privés, la possession, en un mot, sur les actes et principes du droit commun, il doit déclarer cependant ce que contiennent les actes d'adjudication, en fixer le sens, de manière à prévenir toute nécessité d'une nouvelle interprétation et à ne laisser aux tribunaux qu'à procéder à l'application de mentions désormais claires et positives (ordonnance du 3 mars 1837, *Comm. de Franchesse;* 3 juin 1837, *Comm. de Voray*).

Telles sont les principales règles de la matière des domaines nationaux. Aujourd'hui elle est presque consommée; on n'entend plus parler qu'à de rares intervalles de pareilles questions. Mais toujours est-il que le patrimoine de plusieurs millions de citoyens a ses racines dans le contentieux des domaines nationaux.

SECTION II.

Biens des émigrés.

Nous n'entendons point parler des contestations relatives

aux actes de disposition, aux aliénations portant sur les biens d'émigrés; ils ne se distinguent en aucune manière des actes de ventes nationales; leur interprétation rentre dans le contentieux des domaines nationaux.

Cette section a pour objet les règles qui concernent la main-mise de la nation sur les biens des émigrés et les effets que cette main-mise a produits.

L'un des premiers soins du gouvernement de la restauration a été de faire cesser l'effet des mesures prises contre les émigrés par l'Assemblée législative et la Convention. C'est dans ce but que la loi du 5 décembre 1814, en maintenant d'ailleurs tous droits acquis avant la charte, ordonna que tous les biens non vendus et qui faisaient actuellement partie du domaine de l'État, seraient rendus à ceux qui en étaient propriétaires ou à leurs héritiers et ayant-cause. Les biens qui sont rentrés dans les familles, après avoir subi la confiscation, ont conservé comme une empreinte de la législation exceptionnelle qui les a frappés. Chaque jour encore, on a à recourir à cette législation, afin d'interpréter les actes qui en ont été la suite, pour statuer sur des questions de propriété, soit entre les représentants d'émigrés et l'État, soit entre ces représentants eux-mêmes, soit entre eux et les tiers. Rappelons en quelques mots les moyens de parvenir à la décision de ces sortes de difficultés.

Depuis que les émigrés ont été réintégrés dans leurs biens, toutes les questions de propriété, de possession et de prescription sont de la compétence des tribunaux civils. La juridiction administrative n'avait été créée que pour protéger l'État à mesure que les droits placés dans ses mains ont fait retour aux émigrés; à mesure que ceux-ci ont repris leurs biens et sont rentrés dans la vie civile, leurs droits et actions ont échappé à la juridiction exceptionnelle et sont retombés dans le domaine du droit commun.

D'après cela, les contestations qui viennent à surgir entre l'État et les représentants d'émigrés relativement aux effets des mesures prises en exécution des lois de l'émigration, et spécialement sur la confusion et par suite l'extinction des droits qu'a pu entraîner la réunion au domaine de l'État de biens restitués plus tard, sont seules, aujourd'hui, du ressort exclusif de l'autorité administrative (ordonnance du 8 janvier 1836, *Borel de Brétizel*).

Les actions entre particuliers ne comportent l'exercice de cette juridiction que pour les difficultés élevées sur l'interprétation des actes émanés de l'administration pendant la durée de la main-mise nationale et empreints du caractère d'actes administratifs. Les actes d'apposition et levée de séquestre, les inscriptions et radiations sur la liste des émigrés, les actes de partage de biens indivis entre l'État et les tiers (voy. ordonnance du 30 novembre 1836, *de la Goublaye*), sont ceux qui nécessitent le plus ordinairement le renvoi devant le conseil de préfecture pour la résolution préalable de la difficulté dont ils sont l'objet.

SECTION III.

Biens communaux cédés à la caisse d'amortissement en vertu de la loi du 30 mars 1813.

Il a été fait en 1813, à la caisse d'amortissement, cession des biens ruraux, maisons et usines possédés par les communes. En vertu de cette loi, s'il s'élève des difficultés entre les municipalités et la régie des domaines, c'est aux tribunaux administratifs que la connaissance en est attribuée.

Ainsi toutes les difficultés entre les communes et l'État, qu'il s'agisse de décider si un bien rentrait ou non dans la classe de ceux exceptés, et s'il a été ou non compris dans la cession, ou bien si la condition de la cession a été ou non remplie, et quelles en doivent être les conséquences, toutes ces difficultés, disons-nous, sont comprises dans les attributions faites par les art. 2 et 3 de la loi du 20 mars, au préfet et au conseil d'État. A ne consulter que les principes généraux, la compétence des tribunaux ordinaires était de droit; car on ne rencontre ici aucun des caractères du contentieux administratif. Cette compétence ne pouvait céder que devant une dérogation expresse et formelle.

L'art. 15 de la loi du 28 avril 1816 a expressément abrogé celle du 20 mars 1813, et décidé *que les biens des communes non encore vendus seraient remis à leur disposition, comme ils l'étaient avant ladite loi*. La revendication exercée en vertu de cette loi nouvelle, se porte naturellement devant les juges ordinaires; mais le plus souvent le procès se complique d'une question d'interprétation ou de validité des ventes consenties par la caisse d'amortissement. La compétence se détermine alors d'après les règles relatives aux biens nationaux.

Ainsi il appartient à l'autorité administrative de statuer sur la validité de ces ventes et de déclarer leur contenu, mais sans qu'il leur soit permis d'appliquer les règles du droit commun (17 janvier 1814, *Dehagre;* 16 juillet 1816, *Darroze* contre *Comm. de Campagne;* 20 août 1821, *Aaron Caen* contre *Comm. d'Immonville;* 8 mai 1822, *Fonfrède* contre *Comm. d'Anderny;* 19 juillet 1826, *Marcotte* contre *Ville de Doullens;* 10 août 1828, *Comm. de Lunéville* contre *Keller;* 16 juin 1831, *Paulin* contre *Comm. de Savières;* 19 juillet 1837, *Degrave* contre *Comm. de Pierrecourt*).

Mais il appartient aux tribunaux de faire l'interprétation des titres privés et de statuer par les moyens de droit commun (29 décembre 1819, *Parlé* contre *Rougé;* 18 juin 1823, *Carlier* contre *Héritiers Ulrich;* 22 août 1834, *Comm. de Lançon* contre *Roux*. — Cour de cass., 17 mai 1831, *Comm. de Saint-Julien* contre *Romanet*. Voy. Dufour au titre *Des Communes*.)

SECTION IV.

Du partage des biens communaux.

Nous avons dit que les communes, hospices et autres établissements publics étaient considérés comme des personnes morales, soumises; pour ce qui concerne l'administration de leurs biens, aux mêmes règles de compétence que les simples particuliers.

Mais ces personnes morales sont placées sous la surveillance tutélaire de l'administration, et pour compléter ce système de tutelle, la loi a rangé dans les attributions de l'autorité administrative certains cas de compétence qui, par leur nature, appartiennent à l'autorité judiciaire.

Parmi ces cas il faut ranger le partage des biens communaux: voici comment les choses se passèrent:

Le principe de l'indivisibilité des biens communaux suivit le sort du principe de l'inaliénabilité. D'abord accepté et maintenu dans sa rigueur absolue, il eut à subir, vers les derniers temps de l'ancienne monarchie, les tempéraments exigés par les besoins de l'agriculture et de l'industrie. On autorisa dans certaines localités la distribution de quelques biens communaux; mais ces autorisations n'intervinrent jamais qu'à titre d'exceptions et en vertu d'actes souverains. Il était réservé à la révolution de 1789 de comprendre les avantages que pourrait avoir la division des propriétés. L'Assemblée législative décréta le 14 août 1792 que tous les terrains communaux autres que les bois seraient partagés entre les citoyens de chaque commune, et le 10 juin 1793 intervint la loi destinée à régler l'exécution de cette mesure.

Or, l'autorité administrative a été appelée à juger toutes les contestations relatives à l'occupation des biens communaux, par suite d'un partage postérieur ou même antérieur à l'an 1793 entre les copartageants, détenteurs ou occupants et les communes, soit sur les actes de partage, soit sur l'exécution des conditions prescrites à ces détenteurs pour devenir propriétaires incommutables. Mais il faut que la qualité communale du bien en litige ne soit pas contestée, car les tribunaux demeurent compétents pour connaître des questions de propriété qui s'élèvent dans le cas où le détenteur nie l'usurpation et se prétend propriétaire à tout autre titre qu'en vertu d'un partage (voy. ordonnance du 23 juin 1819 cbn. avec la loi du 9 ventôse an XII).

Le conseil de préfecture excéderait ses pouvoirs s'il ordonnait la révision ou la vérification d'un partage devenu définitif (11 septembre 1813, *Comm. de Cintheaux* contre *Fouquet;* 29 mars 1833, *Comm. d'Urmatt* contre *Comm. de Still;* voy. Cormenin et Dufour au mot *Communes*, Chauveau, t. I, 225, n°s 786 et 787).

La compétence en matière de jouissances communales doit-elle être la même que celle en matière de partage de biens communaux ?

Ma réponse est négative, et voici pourquoi : J'ai dit que tout moyen de droit civil ou du droit commun ne pouvait être soumis qu'aux tribunaux civils, et que les actes des communes n'appartenaient pas au contentieux administratif, n'étaient pas des actes d'administration. Du rapprochement de ces règles, il résulte donc, à mes yeux, que toute contestation entre un habitant et les représentants d'une commune, sur le droit de cet habitant à une plus ou moins grande partie de jouissance d'un bien communal, appartient aux tribunaux civils.

Mais on objecte que, par analogie, la solution devrait être bien différente; car les difficultés sur le partage du fonds même des biens communaux entre les habitants ont été dévolues à l'autorité administrative. J'ai répondu à cet argument d'analogie en déclarant que l'autorité administrative n'était pas compétente à raison de la matière, mais par suite d'un déclassement motivé sur le besoin d'étendre la protection tutélaire. On trouve même des raisons politiques dans le préambule de l'ordonnance de 1819.

MM. Serrigny, t. II, p. 171, n° 797, et Dufour, t. I, p. 598, n° 711, ont résolu la difficulé dont je m'occupe, non pas précisément en sens contraire l'un de l'autre, mais de telle sorte qu'ils ne sont pas complétement d'accord sur les divers cas qui peuvent se présenter. L'opinion de M. Dufour me paraît beaucoup plus conforme aux principes que celle de M. Serrigny.

Énumérons les cas qui peuvent se présenter : La discussion peut porter sur : 1° la qualité d'étranger ; 2° le défaut de domicile ; 3° la durée de ce domicile ; 4° l'ordre de successibilité ; 5° l'absence de qualité de chef de famille ; 6° un titre qui accorderait à un habitant une part plus considérable qu'à tous les autres habitants ; 7° un usage qui soumettrait des habitants à payer une certaine taxe, pour avoir droit à une part quelconque ; 8° une interprétation de ce qu'on doit entendre par affouage, pâturage, pacage, etc. ; 9° un usage qui accorderait à tel ou tel habitant une part plus considérable, par exemple aux membres du corps municipal, au pasteur, au curé, etc. ; 10° une interprétation de l'usage qui accorde les futaies, pour savoir si un habitant a droit aux branches des arbres coupés ; 11° la question de savoir si un habitant qui avait droit, d'après l'usage adopté ou d'après une délibération non contestée, à telle part, a réellement reçu cette part, ou si, au contraire, on lui a fait une distribution incomplète.

Aucune de ces questions n'appartient à l'autorité administrative ; elles sont toutes judiciaires. Les discussions entre une commune et un habitant ne touchent en rien au contentieux administratif ; chaque habitant a un droit à la répartition d'une partie de la jouissance des biens communaux, lorsque cette jouissance est partagée; et si ce droit est méconnu, il demande justice aux tribunaux civils.

La jurisprudence n'a eu à se prononcer que sur la question de savoir si un individu a le droit de prendre part à la jouissance des biens communaux, soit comme habitant, soit comme chef de famille, ou quels sont les usages qui doivent être suivis. Si l'on excepte deux ordonnances : du 16 mars 1836, *Étienne* contre *Lemoine;* et du 26 décembre 1837, *Pauline* contre *Wolf*, le conseil d'État et la Cour de cassation sont unanimes pour reconnaître la compétence judiciaire (voy. 20 septembre 1809, *Chollez* contre *Comm. de Conflans;* 10 décembre 1817, *Hueth* contre *Wagner;* 10 août 1825, *Comm. de Montmartre* contre *Gérard;* 13 mai 1843, *Clément* contre *Comm. de Gurgy-le-Château.* — Cour de cass., 21 décembre 1836, *Comm. d'Oselle* contre *Gueydans;* 11 mai 1838, *Belot.*—*Journal des Communes*, t. XIII, p. 208).

SECTION V.

Domaines engagés.

Un grand nombre d'édits et spécialement celui de 1566 qui érigea en règle fondamentale de droit public, le principe de l'inaliénabilité des biens de la couronne, témoignent de l'abus qu'on avait fait de la faculté d'en disposer. Les rois, quelquefois pressés par la nécessité des temps et le plus souvent vaincus par l'exigence et la cupidité de ceux qui les entouraient, avait démembré de toutes parts leurs domaines par des donations déguisées sous la forme d'échanges, de ventes, ou de cessions avec clause de retour ou faculté de rachat. L'édit de 1566 défendit de vendre les biens du domaine; mais il permettait l'aliénation à deniers comptants, pour la nécessité de la guerre, avec faculté de rachat; et d'un autre côté il ne prohibait point les échanges, non plus que les abandons de jouissance, moyennant un prix et sous la condition expresse et perpétuelle de rachat, désignés sous le nom d'*engagements*. En 1789, la valeur des domaines engagés ne s'élevait pas à moins de 100 millions. La loi du 14 ventôse an VII qui est intervenue la dernière, après avoir énoncé que les aliénations consommées antérieurement à 1566, sans clause de retour ni réserve de rachat, sont confirmées, proclame le principe de la réunion. Elle déclare que *toutes les aliénations antérieures à 1566, consenties avec clause de retour ou réserve de rachat, et toutes celles intervenues postérieurement avec ou sans clause de retour ou réserve de rachat, sont et demeurent révoquées* (art. 1, 2, 3 et 4), sauf quelques exceptions. Il est prescrit par l'art. 13 aux engagistes placés sous le coup de la révocation, de faire dans le mois de la publication de la loi, à l'administration, la déclaration générale des fonds faisant l'objet de leur engagement, échange ou autre titre de concession. Et l'art. 14 porte *que ceux qui auront fait la déclaration ci-dessus, pourront dans le mois suivant faire la soumission irrévocable de payer le quart de la valeur desdits biens, moyennant quoi ils seront déclarés propriétaires incommutables, et en tout assimilés aux acquéreurs de biens nationaux.*

La loi du 14 ventôse a donné lieu aux difficultés les plus nombreuses; mais les litiges qui appellent son application s'éteignent chaque jour, et bientôt elle n'offrira plus qu'un intérêt historique.

En 1820 parut la loi du 12 mars qui porte (art. 9): « A l'expiration de trente ans à partir de la publication de la loi de « ventôse, les domaines de l'État cédés à titre d'engagements « ou d'échange, sont déclarés propriétés incommutables entre « les mains des possesseurs actuels, sans distinction de ceux « qui se seraient conformés ou non aux dispositions de la loi « du 14 ventôse. » Le 4 mars 1829 était le temps fixé pour les recherches de l'administration. Quand le terme approcha, le ministre des finances fit signifier 10,000 sommations aux détenteurs de biens présumés engagés, et forma, par ce moyen, interruption à la prescription qu'ils étaient sur le point d'acquérir. Les actions dont l'origine remonte à ces significations sont les seules qui puissent désormais se rattacher à la loi de ventôse an VII. A peine s'il s'en trouve encore quelques-unes sur lesquelles ait à statuer l'administration ou les tribunaux. Nous croyons donc devoir nous borner à indiquer les principales règles de cette matière.

Dans l'ordre des questions que peuvent soulever les poursuites exercées en vertu de la loi du 14 ventôse, celles qui ont trait à l'origine des biens revendiqués, se présentent les premières. Ces biens sont-ils domaniaux et par suite ont-ils pu être engagés? Voilà le premier point à examiner. La domanialité une fois reconnue, le mode d'aliénation qui a fait passer les biens du domaine de la couronne dans le domaine privé, appelle en second lieu l'attention du propriétaire actionné par l'État. S'il peut démontrer que le titre primitif le place dans une des exceptions imposées au principe de révocation, exceptions qui sont énumérées dans l'art. 5 de la loi de ventôse an VII, tout est encore gagné pour lui.

Dans ces questions, le débat qui doit d'ailleurs se trancher par l'application des titres et moyens de droit commun, porte trop directement sur le droit de propriété, pour qu'on hésite à saisir le juge qui en a été constitué le gardien, c'est-à-dire, le juge ordinaire.

Lorsque ces questions sont résolues, le procès se réduit à une question de déchéance. Le détenteur s'est-il conformé aux prescriptions de la loi de ventôse, relativement à la soumission et à la déclaration et enfin au paiement du prix? Telle est désormais la cause à juger Or, soit que l'on considère les actes en eux-mêmes, soit que l'on se reporte aux autorités désignées pour les recevoir, l'autorité administrative est regardée comme compétente. Nous avons reproduit plus haut l'art. 14 de la loi de ventôse ; mais il importe de revenir sur la partie de cet article qui a pour objet de disposer, que les engagistes qui auront fait leur déclaration et la soumission, *seront déclarés propriétaires incommutables et en tout assimilés aux acquéreurs de biens nationaux*. On s'est emparé de cette assimilation pour considérer la ratification obtenue par l'engagiste comme un nouveau titre émané de l'administration locale et participant des caractères des actes de ventes nationales, et on en a conclu que son explication et son interprétation appartenaient à l'autorité administrative (ordon. du 15 mai 1835, *Comm. de Bourguenais*). Cette attribution est d'autant plus digne de remarque qu'elle est destinée à survivre à la législation qui la renferme. Elle n'est pas, en effet, bornée aux actions de la loi de ventôse; il suffit qu'une instance, même entre particuliers, ait pour objet un bien d'origine domaniale, pour que les tribunaux se trouvent dans la nécessité d'être fixés sur les actes intervenus en exécution de la loi sur les domaines engagés et pour qu'ils renvoient à cet effet les parties devant le conseil de préfecture.

SECTION VI.

Eaux minérales.

Les eaux minérales intéressent la santé publique. Il est donc naturel qu'elles aient été l'objet de quelques dispositions exceptionnelles. L'autorité administrative juge les contestations entre l'État et les communes relativement aux droits de propriété de source d'eaux minérales (arrêté du 6 nivôse an XI, art. 9. —Macarel et Boulatignier, *Fortune publique*, t. I, p. 221, n° 94; Serrigny, t. II, p. 139, n° 758).

M. Proudhon, t. IV, p. 410, n° 1410, restreint la compétence administrative au cas où la commune fonde son droit de propriété sur un acte de concession. Mais on ne trouve rien dans l'arrêté du 6 nivôse qui puisse autoriser une semblable restriction; les termes en sont généraux et formels; il faut donc décider que par exception aux règles ordinaires, l'autorité administrative est juge des questions de propriété des eaux minérales entre les communes et l'État, quels que soient les titres sur lesquels repose le droit de propriété.

CHAPITRE V.

FORMALITÉS A REMPLIR POUR INTENTER CERTAINES ACTIONS DE PROPRIÉTÉ.

La loi exige l'accomplissement de certaines formalités pour plaider pour ou contre l'État, les départements, les communes, les établissements de bienfaisance, les hospices, les fabriques et autres établissements publiques. Ces mesures préliminaires forment un temps d'arrêt pour certaines actions dont l'appréciation est du ressort de l'autorité judiciaire. Je vais en dire quelques mots.

1° *État.* Le représentant de l'État, le préfet, n'a besoin pour intenter l'action domaniale, ni de l'autorisation, ni de l'avis du conseil de préfecture; son action est aujourd'hui parfaitement libre et indépendante. Mais les tiers ne peuvent intenter d'action contre l'État qu'après l'accomplissement d'une formalité essentielle. La loi du 28 octobre 1790 porte : « Il ne pourra être exercé d'action contre le procureur général syndic, en sa qualité (de représentant de l'État), par « qui que ce soit, sans qu'au préalable on en se soit pourvu « par simple mémoire, d'abord au directoire du district pour « donner son avis, ensuite au directoire du département pour « donner une décision, à peine de nullité » (titre 3, art. 15). Le procureur général syndic est aujourd'hui le préfet.

D'après la loi du 28 pluviôse qui n'a abrogé cette disposition ni implicitement, ni explicitement, le mémoire doit être adressé non au conseil de préfecture, mais au préfet, seul administrateur.

La remise du mémoire est utile à toutes les parties en cause; car elle a pour but d'éclairer l'administrateur qui examine s'il y a lieu de défendre à l'action ou s'il ne conviendrait pas de transiger, et par ce moyen on prévient les procès ou on les concilie, s'il est possible. Le mémoire doit donc contenir les motifs sur lesquels on entend fonder l'action future.

Le mémoire étant exigé par la loi, produit l'effet d'interrompre la prescription. Si le préfet ne répond pas dans le mois, le tribunal peut être saisi directement de la connaissance du litige par la partie intéressée; l'État est censé avoir connu et apprécié les moyens à leur juste valeur, quand il n'y a pas répondu dans ce délai. — Le mémoire est exigé à peine de nullité; mais la nullité n'est pas d'ordre public, et elle ne peut être opposée en tout état de cause. Le mémoire est un préliminaire de conciliation dont les actions domaniales sont dispensées (art. 49, Code de procédure civile), et le défaut de citation au bureau de paix, dans les matières ordinaires, peut être couvert par la défense des parties. Quand l'État se défend au fond, il est présumé avoir vu dans les moyens du demandeur, trop peu de force pour justifier la demande; s'il avait cru à leur force réelle, il aurait opposé, sans doute, la nullité tirée du défaut de mémoire préalable; il ne peut imputer qu'à lui-même de n'avoir pas invoqué la nullité *in limine litis*. — Le défaut de présentation du mémoire à l'administration, ne change pas l'ordre des juridictions et n'enlève pas aux tribunaux la connaissance des contestations qui sont de leur compétence (19 octobre 1808, *Hendericken* contre l'*Hospice de Dunkerque;* 7 février 1809, *Comm. de Lens-l'Étang*; 29 avril

1809, *Bureau de bienfaisance de Herzècle;* 13 novembre 1822, *Pilet* contre le *Préfet de la Seine*).

C'est le préfet qui rend lui-même une décision sur le mémoire présenté par les parties, sans qu'il ait besoin de recourir au conseil de préfecture, qui n'a reçu de la loi aucune attribution à cet égard. — En outre, le préfet, pour soutenir une action devant les tribunaux, n'a pas non plus besoin d'une autorisation du conseil de préfecture. Il a pour défendre aux actions intentées contre l'État la même omnipotence que lorsqu'il les intente (ordonnance du 18 novembre 1818; 4 mars 1819; 18 avril 1821, *Chazal;* 8 mai 1822, *Pauffert;* 11 février 1824, *Allogny*).

Les principaux motifs de cette indépendance sont faciles à trouver. En effet, on ne peut pas comparer l'État à une commune et le préfet à un maire. La commune peut s'engager, par irréflexion ou par passion, dans un procès long, ruineux, et, qui pis est, injuste. Le maire peut n'être quelquefois que l'agent passif des haines, des cupidités et des inintelligences qui l'entourent. Il n'en est pas de même de l'État, être moral et sans passion, ni du préfet qui, dans sa sphère élevée, considère abstractivement, froidement, les actions judiciaires de l'État, et qui ne peut être mu que par des considérations d'intérêt public et par la justice de la cause. Le préfet qui préside le conseil de préfecture et qui en est le principal personnage se donnerait donc un conseil à lui-même? Du reste, il peut et il doit prendre l'avis préalable, mais officieux, soit du conseil de préfecture, soit des jurisconsultes du barreau, sans que cet avis facultatif de sa part le lie en aucune manière, et il n'arrive jamais que les préfets intentent une action domaniale sans consulter le ministre des finances et sans faire examiner la question par l'administration des domaines. L'intérêt de l'État, qui est celui de tous les citoyens, ne périclite donc en aucune façon entre les mains du préfet.

Un arrêté du 10 thermidor an IV a dispensé l'État à titre de privilége de constituer avoué, et lui a donné pour avocat le ministère public à qui le préfet est tenu de remettre un mémoire contenant les moyens. Mais l'expérience a enseigné que son intérêt bien entendu ne permettait pas de priver la nation de la garantie que les particuliers trouvent dans le secours des avoués et des avocats. On en est venu à faire observer que l'arrêté de thermidor n'accordait qu'une simple faculté; et dans le fait, le représentant du domaine a le plus ordinairement soin de se faire assister d'un avoué et d'un avocat. Il semblerait que lorsqu'il prend ce parti, le préfet devrait être dispensé d'adresser un mémoire au ministère public, mais l'usage est contraire.

La décision du préfet intervenue sur le dépôt du mémoire quelle qu'elle soit, et alors même qu'il déclarerait que l'action est de la compétence administrative, n'empêche pas les parties de se pourvoir devant les tribunaux (4 mars 1819, *Nicolas* contre le *Préfet des Deux-Sèvres*; 16 mars 1842, *Bœuf*).

Ici se présente la question de savoir s'il y a lieu d'élever le conflit, à défaut de l'accomplissement du préalable voulu par l'art. 15 de la loi de 1790. La jurisprudence a longtemps hésité. Il résulte en effet des arrêtés et décrets des 10 vendémiaire an XII, 19 ventôse an X, 16 mai 1810, 7 juillet 1809, que les assignations données directement devant les tribunaux doivent être considérées comme non avenues, ainsi que les jugements qui en sont la suite. Mais cette doctrine était vicieuse. Plusieurs arrêtés et décrets contraires, entre autres ceux des 22 messidor an XII et 27 octobre 1810, avaient établi que l'inobservation des formalités prescrites par la loi de 1790, pouvait entraîner l'annulation des jugements par voie d'appel et de cassation et non par voie de conflit. En effet, cette nullité n'intervertit pas l'ordre des juridictions, et elle ne peut être proposée que dans l'ordre de la hiérarchie judiciaire (ordonnance du 13 novembre 1822). Telle est la nouvelle et bonne doctrine.

2° *Départements.* Comme représentant légal du département, c'est le conseil général qui délibère sur tous ses intérêts de propriété, sur les actions judiciaires à intenter ou à soutenir au nom du département; s'il s'agit de *défendre* à une action, l'autorisation du conseil de préfecture suffit pour permettre au préfet de plaider; s'il s'agit d'une action à intenter au nom du département, il faut de plus l'autorisation du roi en son conseil d'État. Une nouvelle autorisation est nécessaire au département pour se pourvoir devant un second degré de juridiction. S'il y a urgence, le préfet peut intenter toute action ou y défendre sans délibération du conseil ni autorisation préalable; de même, il fait tous actes conservatoires ou interruptifs de déchéance. Au surplus aucune action judiciaire autre que les actions possessoires, ne peut, à peine de nullité, être intentée contre un département qu'autant que le demandeur a préalablement adressé au préfet un mémoire exposant les motifs et l'objet de sa réclamation. On suit la même forme que pour les actions à intenter contre le domaine de l'État; les effets du mémoire sont les mêmes, sauf que l'action peut être portée devant les tribunaux dans les deux mois seulement (au lieu d'un mois) après la date du récépissé.

3° *Communes.* Si le droit d'ester en justice ne pouvait être refusé aux communes, du moment que le législateur en faisait des personnes civiles capables de posséder, d'acquérir et de contracter, l'exercice de ce droit devait nécessairement comporter quelques formes particulières en harmonie avec l'organisation de la commune, et dérivant des principes qui règlent ses rapports avec l'administration générale.

Le maire a seul qualité légale pour agir au nom de la commune. Ce principe ne nous paraît souffrir d'autre exception que celle consacrée par l'art. 15 de la loi du 18 juillet 1837, pour mettre la commune à l'abri des conséquences de l'inaction et du mauvais vouloir de son représentant. Le préfet est autorisé par la disposition exprimée dans l'art. 15, à suppléer le maire qui, après avoir été requis, négligerait de procéder aux actes prescrits par la loi; or l'exercice des actions intéressant la commune est assurément au nombre de ces actes.

L'officier municipal qui a à comparaître en justice au nom de la commune, doit se faire autoriser à cet effet par le conseil municipal, et cette autorisation doit être approuvée par le préfet.

Les actions de la commune peuvent être exercées encore par tout contribuable à ses frais et risques. C'est une innovation de la loi de 1837 qui donne le moyen de vaincre l'opposition du conseil municipal. « Il est tels droits qui, bien que « communaux, intéressent spécialement un habitant de la « commune, et pour l'exercice desquels il ne doit pas être « entravé par le mauvais vouloir ou l'indifférence du conseil « municipal. » Tel est le motif de cette disposition (rapport de M. Vivien du 26 avril 1836). Le tiers doit appeler la commune en cause. La décision qui interviendra a le même effet contre la commune que contre le particulier. Si le particulier perd, c'est comme si la commune avait perdu; s'il gagne, c'est au profit de la commune. Le jugement a donc sous ce rapport la force de la chose jugée. On ne peut plus remettre en question ce qui a été jugé; mais la commune qui profite des chances favorables, n'est jamais exposée aux frais du procès; c'est le tiers intervenant en son nom qui les supporte seul.

Les sections de commune peuvent avoir en propriété et en jouissance des biens collectifs quant aux membres de la section et distincts quant à la commune elle-même. Si l'intérêt d'une section la met en procès contre un étranger, elle a le maire pour représentant; si le procès est contre la commune ou une autre section de la commune, le préfet nomme une commission syndicale de trois ou cinq membres, choisie parmi les électeurs municipaux, et l'action est suivie par le syndic qu'indique la commission.

Les règles que nous venons d'exposer, n'ont trait qu'au droit de représenter la commune et sont les mêmes pour toute espèce de litige. Passons à celles qui président à l'exercice de l'action.

L'état de minorité soumet la commune à l'autorisation du conseil de préfecture, sauf recours au conseil d'État, s'il y a refus. Il convient de distinguer entre le cas où la commune remplit le rôle de demandeur, et celui où elle est réduite à se défendre.

Parlons d'abord des actions à intenter par les communes pour les contestations à soumettre à l'autorité administrative; pas de dificultés: le juge administratif, déterminé par la loi, est saisi selon les formes de procéder usitées devant lui. Il n'est d'autre justification à faire que celle de l'autorisation du conseil municipal, approuvée par le préfet, et celle de la délibération prise par ce même conseil, pour le particulier qui prétend soutenir à ses frais et risques les droits communaux.

La marche n'est pas aussi simple pour les actions de la compétence des tribunaux ordinaires, à l'égard desquelles la loi a pris en considération la gravité des suites d'instances toujours lentes, compliquées et conséquemment dispendieuses. Elle a décidé que le représentant de la commune ne pourrait introduire aucune de ces actions en justice sans en avoir obtenu l'autorisation du conseil de préfecture (art. 49, de la loi du 18 juillet 1837). Et cette prescription concerne aussi le particulier qui exerce une action appartenant à la commune; car quoiqu'il agisse à ses frais et risques, il importe souverainement pour la commune de ne pas laisser s'engager légèrement un procès susceptible d'amener des demandes incidentes ou de susciter d'autres contestations et de jeter le trouble dans les possessions de la commune.

Cette circonstance que le conseil de préfecture est consulté à l'occasion d'un procès, est parfois devenue la cause d'une méprise sur la nature de la mission qu'il est appelé à remplir. On a cru que ses décisions sur les demandes d'autorisation se rattachaient au pouvoir de juridiction, tandis qu'elles lui sont absolument étrangères. Le conseil de préfecture n'intervient en effet que comme assemblée consultative; il ne remplit que les fonctions de tuteur des communes et des établissements publics. Qu'il refuse ou qu'il accorde l'autorisation, son arrêté ne constitue qu'un acte de tutelle, et résiste à l'application des règles propres aux actes de juridiction. Il résulte de là qu'un arrêté d'autorisation ne préjuge nullement le mérite de la prétention élevée par la commune et que dès lors les tiers ne sont point fondés à l'attaquer (voy. ordon. du 22 janvier 1838, *Gruter*). Le conseil de préfecture n'a statué que sur l'opportunité de l'action projetée, et quant à son mérite, il s'est borné à apprécier jusqu'à quel point les faits et les droits allégués, en les supposant fondés, seraient de nature à motiver une juste demande. Il en résulte aussi que le refus d'autorisation n'a rien de ce caractère d'irrévocabilité qui engendre la chose jugée; que le conseil de préfecture est parfaitement libre de revenir sur son refus, dès que son opinion est modifiée.

Une nouvelle autorisation est nécessaire à la commune, après tout jugement, pour se pourvoir devant un autre degré de juridiction. Mais nous ne pensons pas que cette disposition soit applicable au tiers autorisé à exercer à ses frais et risques une action relative aux droits communaux.

Pendant fort longtemps les principes suivis pour les actions formées contre les communes ne différaient pas de ceux applicables aux formalités prescrites pour les actions qu'elles intentent elles-mêmes. L'obligation pour tout créancier d'une commune de demander au conseil de préfecture, l'autorisation de l'appeler à comparaître devant les tribunaux civils, ne lui était pas imposée dans le but de ménager à la commune les conseils de l'autorité administrative et de la placer sous sa tutelle. On faisait dériver cette obligation des règles qui président à la comptabilité communale. On disait que la disposition des deniers communaux appartenant au préfet, il était rationnel que le créancier s'adressât d'abord à l'administration, pour savoir si elle n'entendait pas lui donner satisfaction, sans attendre une condamnation. En partant de cette idée, on avait été conduit à reconnaître que l'autorisation n'était nécessaire que pour les créances chirographaires ou hypothécaires, et qu'il n'y avait pas lieu de la demander pour former contre une commune, soit au pétitoire, soit au possessoire, une action à raison d'un droit de propriété, parce que la disposition des immeubles communaux n'appartient pas à l'administration (avis du 3 juillet 1808). La fausseté de ce système se révélait par la bizarrerie de ses conséquences : n'était-il pas étrange qu'on laissât les communes libres et indépendantes quand il s'agissait de défendre à un procès relatif à un objet immobilier, tandis qu'elles profitaient pour la défense aux actions personnelles et mobilières de la tutelle à laquelle on avait cru devoir les soumettre pour toutes les actions à intenter ? La loi de 1837 a fait disparaître cette contradiction choquante en consacrant un système tout nouveau.

Le particulier qui veut intenter une action civile contre une commune, qu'elle soit mobilière ou immobilière, n'a point à se munir d'une autorisation. Il est seulement tenu d'adresser préalablement un mémoire au préfet. On suit la marche indiquée pour les procès contre l'État et les départements. Le mémoire est transmis au maire par le préfet, avec l'autorisation de convoquer immédiatement le conseil municipal pour délibérer à cet égard. La délibération est transmise au conseil de préfecture, et la décision du conseil sur la demande en autorisation formée par la commune, doit intervenir dans les deux mois du récépissé. Si l'autorisation pour défendre à une action projetée est refusée à la commune, celle-ci peut se pourvoir devant le conseil d'État qui prononce sur la consultation de trois jurisconsultes désignés par le ministre de la justice; la décision du conseil de préfecture est motivée; celle du conseil d'État ne l'est pas, afin de laisser toute liberté d'opinion aux juges qui seront saisis du procès. Le conseil de préfecture examine jusqu'à quel point il est de l'intérêt de la commune de s'engager dans des discussions longues et coûteuses, et d'après cet examen, il la réduit à céder en lui refusant l'autorisation de se défendre, ou il l'autorise à plaider pour résister à la prétention élevée contre elle. En aucun cas, la commune ne pourra défendre à l'action qu'autant qu'elle y aura été expressément autorisée.

Les dispositions relatives à l'autorisation nécessaire aux communes pour se défendre ne disent pas qu'elle devra être renouvelée pour chaque degré de juridiction. Mais il résulte de la discussion que l'article qui renferme cette prescription pour les actions à intenter doit s'étendre aux autorisations à l'effet d'y défendre.

L'autorisation de plaider, soit en demandant, soit en défendant, est exigée à peine de nullité; mais la nullité n'est pas absolue, elle est purement relative, l'assimilation des communes à la condition des mineurs doit ici produire ses effets; une garantie introduite en leur faveur ne doit pas tourner à leur préjudice; donc, la commune peut opposer la nullité en tout état de cause; mais la partie adverse ne peut opposer le défaut d'autorisation que *in limine litis*.

Le conseil de préfecture excéderait ses pouvoirs, si, au lieu de se borner à un examen préalable du mémoire, ou à émettre un simple avis, il statuait sur le fond de la contestation (13 janvier 1816, *Rochechouart* contre l'*Administra-*

tion des domaines; 6 septembre 1820, *Gounon*; 18 avril 1821, *le Ministre des finances* contre *Chuzal*).

4° *Fabriques, établissements de bienfaisance et autres établissements publics*. On est entraîné par la force de l'analogie à étendre à ces personnes morales, que la loi entoure d'une même protection, la forme de procéder imposée par la loi du 18 juillet 1837 aux adversaires des communes, et à exiger d'eux la remise préalable d'un mémoire au préfet. Elle tient lieu du préliminaire de conciliation. Les autorisations de plaider sont soumises à la tutelle ordinaire du conseil de préfecture et du conseil d'État.

CHAPITRE VI.

RENVOI POUR INCOMPÉTENCE.

L'incompétence de chacune des autorités administrative ou judiciaire est matérielle, d'ordre public. Lors donc que l'autorité administrative ou l'autorité judiciaire est saisie d'une contestation qui sort des limites de sa compétence, elle doit se dessaisir et renvoyer les parties devant qui de droit. Le renvoi devrait être prononcé alors même que le pouvoir, véritablement compétent, aurait déjà déclaré son incompétence.

Ainsi :

1° Une commune se prétend propriétaire d'un terrain appartenant à un particulier. Elle porte la contestation devant l'autorité administrative. Celle-ci est tenue de renvoyer la cause devant les tribunaux ordinaires; car elle est incompétente pour statuer sur cette question de propriété.

2° Une commune réclame contre l'État devant les tribunaux ordinaires la propriété d'une source d'eau minérale. Les tribunaux doivent renvoyer la contestation devant l'autorité administrative, parce qu'elle seule peut, par exception, juger cette question.

CHAPITRE VII.

DIVISIBILITÉ DE COMPÉTENCE.

L'incompétence des autorités étant matérielle et d'ordre public, il suit qu'aucun événement ou incident ne peut étendre, ni proroger, ni modifier leur compétence, et l'attribuer *momentanément ni accidentellement* de l'une à l'autre autorité.

Lorsqu'une contestation judiciaire fait naître un incident du domaine du pouvoir administratif, l'instruction est arrêtée, non pas que l'autorité judiciaire doive se dessaisir, mais elle doit surseoir et *vice versâ*.

Lorsqu'une même affaire présente à juger deux questions principales, l'une administrative, l'autre judiciaire, la compétence se divise; la première de ces questions doit être portée devant l'autorité administrative; la seconde devant les tribunaux civils.

Exemples : 1° Une question de propriété portée devant les tribunaux va être jugée, lorsque l'une des parties oppose les termes d'une vente de biens nationaux. La déclaration du sens et des effets de la vente ne peut être faite que par l'administration.

2° L'autorité administrative a le droit de déclarer la vicinalité d'un chemin; mais à l'autorité judiciaire seule il appartient de prononcer sur la propriété du terrain sur lequel le public est maintenu en jouissance. — L'autorité administrative a le pouvoir de concéder une mine; mais la question de propriété de la mine est de la compétence des tribunaux.

CHAPITRE VIII.

DES CONFLITS.

Ce n'était point assez de proclamer le principe de l'indépendance respective des autorités administrative et judiciaire; il fallait pourvoir à son organisation de manière à lui ménager une application toujours efficace et complète. On a prévu sous la dénomination de *conflits*, les luttes entre l'administration et les tribunaux, et on a réglé les moyens d'y mettre fin. Mais par l'effet d'une préoccupation due à cette idée que, dans le passé, l'usurpation, et à sa suite la confusion, est venue de l'autorité judiciaire, on n'a songé qu'à protéger l'autorité administrative, comme nous allons le voir.

La Convention, après avoir réorganisé la société par la constitution de l'an III, rendit le décret du 21 fructidor, sur les fonctions des corps administratifs, et la disposition générale de l'art. 27 est ainsi conçue : « En cas de conflit d'at-« tributions entre les autorités administrative et judiciaire, « il sera sursis jusqu'à la décision du ministre, confirmée « par le directoire exécutif, qui en réfèrera, s'il en est be-« soin, au Corps législatif. » C'est là l'organisation et la loi des conflits.

Le consulat a transporté aux préfets le droit d'élever le conflit et au roi, en conseil d'État, le droit de statuer (arrêté du 5 nivôse an VIII, 13 brumaire an X). Le principe en faveur de la juridiction administrative en cette matière, a passé dans la législation nouvelle. A la vérité, le droit d'élever le conflit, a menacé l'autorité judiciaire du retour des anciennes évocations au conseil; mais depuis les ordonnances des 1er juin 1828, 12 mars 1831 et 18 septembre 1839, le pouvoir exécutif n'a fait qu'user dans de justes limites, de la liberté et de l'indépendance qu'il tient des lois fondamentales, la publicité des débats a donné aux discussions sur les conflits le caractère d'une haute question de compétence. La responsabilité ministérielle rassure contre le danger de voir le gouvernement s'armer de la voie des conflits, pour soumettre l'autorité judiciaire à l'autorité administrative et faire naître d'anciens abus; en outre les préfets sont tenus de citer la loi qui attribue à l'administration le litige dont la revendication fait l'objet du conflit. Enfin, les délais fixés pour le règlement du conflit restreignent dans des bornes légales la durée de l'entrave qu'il apporte à la marche de la justice.

On distingue deux espèces de conflits : 1° le conflit *positif* ou conflit proprement dit, qui résulte de la revendication par l'administration d'une question soumise aux tribunaux et retenue par eux ; nous avons à nous en occuper particulièrement. 2° Le conflit *négatif*, qui naît d'une déclaration d'incompétence respectivement faite par l'autorité administrative et par l'autorité judiciaire.

1° *Conflit positif*.

Examinons d'abord dans quels cas le conflit est possible :

Aux termes de l'arrêté du 13 brumaire an X, aussitôt que le procureur du roi est informé qu'une question attribuée par la loi à l'autorité administrative a été portée devant le tribunal où il exerce ses fonctions, il est tenu d'en requérir le renvoi devant l'autorité compétente, et de faire insérer ses réquisitions dans le jugement qui interviendra (art. 1er).

Si le tribunal refuse le renvoi, le procureur du roi en instruit sur-le-champ le préfet et lui envoie en même temps copie de ses réquisitions motivées (art. 2).

Ces prescriptions n'ont trait qu'aux matières dans lesquelles le conflit peut être élevé, comme, par exemple, quand les tribunaux seront saisis d'une question de propriété qui est de la compétence de l'autorité administrative, ou quand ils voudront interpréter un acte administratif, etc.... Mais nous avons déjà vu en parlant du préalable administratif, que le conflit ne pouvait pas être élevé dans le cas où il y a simplement inaccomplissement des formalités à remplir préalablement aux poursuites contre l'État; il en est de même dans le cas où il y a défaut de l'autorisation du conseil de préfecture, nécessaire aux communes et aux établissements publics pour agir en justice. On s'est proposé de rendre impossible une confusion dans laquelle l'ancienne jurisprudence était parfois tombée, et qui consistait à oublier que le conflit n'a trait qu'à la compétence, pour le considérer comme un moyen remis à l'administration pour retenir et faire respecter toutes les garanties, sans aucune distinction, qui lui ont été importées par la loi, soit afin de lui assurer une pleine liberté d'action, soit en vue de protéger directement les intérêts confiés à ses soins.

Nous verrons aussi en parlant de la chose jugée, qu'il ne peut jamais être élevé de conflit, après les jugements rendus en dernier ressort ou acquiescés, ni après des arrêts définitifs; l'art. 4 de l'ordonnance du 1er juin 1828 a pour objet de garantir ce principe; mais il est bien entendu que les décisions qui mettent fin au procès et dessaisissent l'autorité judiciaire de la contestation, sont les seules après lesquelles le conflit n'est plus possible. Ainsi il a été jugé qu'après un arrêt interlocutoire, le conflit pouvait encore être élevé (ordonnance du 4 février 1836, *Desmortiers*). De même le conflit doit être permis après des jugements en premier ressort.

Maintenant examinons les formes dans lesquelles le conflit est élevé et réglé

Le préfet est chargé, comme représentant de l'autorité administrative, d'élever le conflit (arrêté du 13 brumaire an X). Ce pouvoir lui appartient en vertu d'une délégation spéciale; il ne peut être exercé par aucun autre fonctionnaire. Le préfet est aussi juge-souverain de l'opportunité du conflit, que l'administration se trouve ou non en cause; qu'il ait été averti par le procureur du roi, par l'une des parties ou par la commune renommée, dès l'instant qu'un préfet estime que la connaissance d'une question portée devant un tribunal de première instance est attribuée à l'autorité administrative, il peut recourir au conflit. (Voy. ordonnance du 1er juin 1828, art. 6.)

Le déclinatoire est le premier acte auquel il ait à procéder; il adresse, à cet effet, au procureur du roi un mémoire dans lequel se trouve la disposition législative qui attribue à l'administration la connaissance du litige; le procureur fait connaître, sans délai, la demande au tribunal, et requiert le renvoi, si la revendication lui paraît fondée. Le tribunal n'est soumis à aucun délai pour statuer sur le déclinatoire; seulement dans les cinq jours qui suivent le jugement, le procureur du roi adresse au préfet copie de ses conclusions et réquisitions et la date de l'envoi est consignée sur un registre à ce destiné.

Si le déclinatoire est rejeté, le préfet peut élever le conflit dans la quinzaine de l'envoi du jugement; il peut aussi, avant d'élever le conflit, interjeter appel du jugement qui rejette le déclinatoire. Mais alors il devra attendre que la Cour royale saisie de l'appel, ait statué sur la compétence. Si le déclinatoire est admis, et que les parties interjettent appel du jugement, le préfet peut élever le conflit sur l'acte d'appel, dans la quinzaine de la signification de cet acte.

Le dépôt de l'arrêté doit être fait au greffe du tribunal dans un nouveau délai de quinzaine; le procureur du roi le communique alors au tribunal, chambre du conseil, et requiert que, conformément à l'art. 27 de la loi du 21 fructidor an III, il soit *sursis* à toute procédure judiciaire, et le tribunal prononce le jugement de sursis.

Les parties averties par le procureur du roi peuvent fournir dans la quinzaine leurs observations sur la compétence; à l'expiration de ce délai, le procureur du roi informe le ministre de la justice de l'accomplissement de ces formalités et lui adresse en même temps l'arrêté du préfet, ses propres observations et celles des parties, s'il y a lieu, avec toutes les pièces jointes. La date de l'envoi est consignée sur un registre à ce destiné; dans les vingt-quatre heures de la réception des pièces, le ministre en adresse récépissé au procureur du roi pour être déposé au greffe; les pièces sont transmises aussitôt au secrétariat du conseil d'État.

Le rapport sur le conflit est présenté au nom du comité de législation, à l'assemblée générale du conseil d'État, et en séance publique; il est statué, dans le délai de deux mois, à dater de la réception des pièces au ministère de la justice. La notification de l'ordonnance au tribunal doit être faite dans le mois qui suit; si le tribunal n'a pas reçu, dans le délai légal, notification de l'ordonnance royale intervenue sur le conflit, il peut procéder au jugement de l'affaire.

C'est le roi en son conseil d'État qui approuve ou annule l'arrêté de conflit; il qualifie la contestation; il déclare qu'elle est, de la juridiction civile ou administrative, la juridiction compétente, sans indiquer aucun tribunal en particulier. Le débat contradictoire ne peut porter que sur la question de conflit et non pas sur le fond.

2° *Conflit négatif.*

Dans le conflit négatif, l'autorité administrative proprement dite est désintéressée, puisque le tribunal administratif a refusé de connaître de la cause dont il est saisi directement, ou par le renvoi de l'autorité judiciaire. Mais il y a, dans un intérêt autre que celui de la compétence, nécessité de vider le débat entre les deux autorités qui sont respectivement dans une indépendance absolue. Il faut que la justice reprenne son cours, et qu'un pouvoir régulateur intervienne Ce pouvoir, c'est la royauté, prononçant par l'intermédiaire du conseil d'État, qui vérifie les faits. L'ordonnance du roi, qui statue sur le conflit négatif, renvoie le litige, soit au tribunal qui s'en est dessaisi, soit au corps administratif qui a refusé d'en connaître, et annule en même temps le jugement par lequel le tribunal s'était dessaisi.

CHAPITRE IX.

AUTORITÉ DE LA CHOSE JUGÉE.

Je n'ai pas l'intention d'approfondir la matière si difficile et si épineuse de la chose jugée; je me bornerai à quelques généralités pour compléter mon travail.

La chose jugée est un des principes éminemment conservateurs de l'ordre social. Le droit romain l'avait proclamé : *Res judicata pro veritate habetur* (loi 207, *Digeste, De re judicat.*); il a passé dans toutes les législations.

Lorsque le pouvoir judiciaire excède les bornes de sa compétence, la voie du conflit peut l'arrêter; mais le conflit peut ne pas avoir été élevé; il est encore possible qu'on laisse expirer le délai légal pendant lequel il doit être élevé; la voie du conflit est donc impuissante pour ramener dans tous les cas le pouvoir administratif et judiciaire à leur compétence respective. Qu'arrivera-t-il alors, dans le cas où l'un des deux pouvoirs aura rendu un jugement qui a acquis l'autorité de la chose jugée? Nulle difficulté ne peut s'élever quand la contestation a été jugée, par l'une ou par l'autre autorité, dans les limites de sa compétence. Mais je suppose que l'autorité judiciaire interprète un acte de ventes de biens nationaux ou autres actes administratifs, et que l'autorité administrative statue sur la propriété d'un terrain déclaré vicinal; dans ces diverses hypothèses, quelle sera la force de la chose jugée par l'une des autorités respectivement à l'autre autorité, à qui l'on soumettrait de nouveau la même contestation entre les mêmes parties?

Si la décision incompétemment rendue est encore susceptible d'être réformée par l'autorité supérieure, dans l'ordre de la hiérarchie, elle devra être respectée par l'autre pouvoir, jusqu'à cette réformation, et celui-ci devra, en attendant, surseoir à statuer.

Si la décision est irrévocable, ou si, après avoir été déférée à l'autorité compétente, elle est maintenue, elle aura force entière de chose jugée vis-à-vis de l'autre pouvoir, et aucun conflit ne pourra plus être élevé. Il y a eu litige, contestation; le juge saisi a commis une erreur; soit; mais elle est irréparable. La loi et les dispositions du Code pénal existent pour le maintien et la garantie de ces principes.

Mais pour que ces principes obtiennent cette garantie, il faut qu'ils soient justes, c'est-à-dire, il faut que la chose jugée renferme tous les caractères définis par le législateur. Nous terminerons en cherchant à les bien préciser.

L'autorité de la chose jugée n'a lieu qu'à l'égard de ce qui a fait l'objet du jugement. Il faut que la chose demandée soit la même, que la demande soit fondée sur la même cause; que la demande soit entre les mêmes parties, et formée par elles et contre elles en la même qualité.

TABLE CHRONOLOGIQUE

DES ARRÊTS DE LA COUR DE CASSATION ET DES COURS ROYALES,

CITÉS DANS LE CORPS DE CE TRAVAIL.

COURS.	DATES DES ARRÊTS ET NOMS DES PARTIES.	RECUEILS.
	An XIII.	
Cour de Cass.	22 pluv., *Hospices de Chantilly.*	Dalloz, A., 8, 819.
	1808.	
Paris.	15 janvier, *Ardant*.	Idem, A., 5, 223.
	1823.	
Cour de cass.	17 avril, *Dupuis*.	Idem, A., 3, 201.
	1824.	
Idem.	3 novembre, *Arrighi*.	Idem, A., 11, 244.
	1826.	
Idem.	18 janv., *Commune de Nantes*.	Idem, 1826, 1, 130.
Idem.	8 novembre, *Main*.	Idem, 1827, 1, 39.
	1827.	
Idem.	11 décemb., *Commune d'Aix*.	Idem, 1828, 1, 54.
	1829.	
Idem.	8 juillet, *Bunouf*.	Idem, 1829, 1, 295.
	1831.	
Bordeaux. . .	11 janvier, *Massonneau*	Idem, 1834, 2, 38.
Cour de cass.	17 mai, *Romanet*.	Idem, 1831, 1, 119.
Idem.	22 juin, *Delabarre*.	Idem, 1831, 1, 286.
	1832.	
Idem.	31 juillet, *Poultier*	Idem, 1832, 1, 398.
	1833.	
Idem.	15 janvier, *Trémyon*.	Idem, 1833, 1, 81.
Idem.	16 février, *Rothschild*	Devilleneuve, 1833, 1, 391.
	1835.	
Angers. . . .	28 janvier, *Bruneau*.	Idem, 1835, 1, 279.
Cour de cass.	23 février, *Marcotte*	Idem, 1835, 1, 305.
Idem.	16 juin, *Moulin de Bazacle*. .	Idem, 1835, 1, 513.
Idem.	22 juin, *Gélis*.	Idem, 1835, 1, 515.
Colmar. . . .	14 août, *Dietsch*.	Idem, 1837, 2, 66.
Cour de cass.	9 novembre, *Dunoyer*.	Idem, 1836, 1, 808.
Idem.	23 nov., *Bruneau-Notramy* . .	Idem, 1836, 1, 890.
Idem.	6 déc., *de Galard*	Idem, 1837, 1, 51.
Agen.	15 déc., *Manenc*.	Idem, 1837, 2, 142.
Cour de cass.	21 déc., *Commune d'Oselle* . .	Idem, 1837, 1, 156.

COURS.	DATES DES ARRÊTS ET NOMS DES PARTIES.	RECUEILS.
	1837.	
Cour de cass.	23 mai, *de Montferré*	Idem, 1837, 1, 805.
Idem.	31 mai, *Petit*	Idem, 1837, 1, 700.
Idem.	26 avril, *L'huillier*.	*J. du Palais*, 1837, 2, 92.
	1838.	
Lyon.	1er mars, *Polaillon*	Devilleneuve, 1839, 2, 470.
Cour de cass.	18 avril, *Poirier*.	Idem, 1838, 1, 685.
Idem.	30 avril, *Comm. de Moulins*. .	Idem, 1838, 1, 456.
Idem.	27 février, *de Rohan*.	Idem, 1838, 1, 520.
Idem.	24 juillet, *Ambiel*	Idem, 1838, 1, 859.
Douai	24 juillet, *Hubert*	*J. du Palais*, 1840, 1, 612.
Cour de cass.	17 déc., *Guyot*.	Devilleneuve, 1839, 1, 317.
Idem.	24 déc., *Rignon*	Idem, 1839, 1, 38.
	1839.	
Idem.	23 juillet, *de Chazournes*. . . .	Idem, 1839, 1, 858.
Idem.	2 juillet, *Levasseur*	Idem, 1839, 1, 845.
	1840.	
Idem.	20 janvier, *Garraud*	*J. du Palais*, 1841, 1, 735.
Idem.	20 février, *Blum*.	Idem, 1841, 1, 639.
	1841.	
Idem.	10 novembre, *Chorlet*.	Devilleneuve, 1842, 1, 178.
Idem.	20 déc., *Perruchon*	Idem, 1842, 2, 327.
	1842.	
Idem.	21 février, *Ménier*	Idem, 1842, 1, 276.
Paris.	2 avril, *Boulé-Robert*	*J. du Palais*, 1842, 1, 574.
Rouen	11 mai, *Enouf*.	Dalloz, 1842, 2, 212.
Cour de cass.	12 juillet, *David*.	Devilleneuve, 1842, 1, 593.
Paris.	23 août, *Comm. de Courbevoye*.	*J. du Palais*, 1843, 1, 106.
Cour de cass.	5 nov., *Jattiot*.	Idem, 1843, 1, 207.
	1843.	
Paris.	26 juin, *Saint-Albin*.	Devilleneuve, 1843, 1, 498.

FIN.

www.ingramcontent.com/pod-product-compliance
Lightning Source LLC
Chambersburg PA
CBHW071156200326
41519CB00018B/5248

* 9 7 8 2 0 1 9 5 4 5 8 7 1 *